LA INTELIGENCIA

DEL

AGUA

Título: La inteligencia del agua
Autor: N. D. Alberti
Portada: Infinity. Fotolia.com
ISBN: 978-1495472404
Primera edición: Febrero 2014

A Manuel Torroba y Lourdes Bordallo, dos,
y a Juan Pablo Pallero, tres.

INDICE ORIENTATIVO *

* *El libro está redactado como una narración lineal pero al ser capítulos independientes cada cual puede leerlos en el orden que prefiera.*

Nosotros y el agua

"El agua cristalina que corre por los arroyos y los ríos no es sólo agua, es la sangre de nuestros antepasados".
Respuesta del Gran Jefe Seattle, 1854

Los seres humanos, dependiendo de la edad y complexión de cada individuo, somos de media un setenta por ciento agua. ¿Quiere esto decir que sólo con el treinta por ciento restante, los humanos pensamos, sentimos, soñamos, actuamos o decidimos? ¿Que las dos terceras partes de la materia con la que están hechos nuestros cuerpos no interviene en ninguno de estos procesos? ¿Que el agua que contenemos es un mero refrigerante cuya única finalidad es mantener estable la temperatura e hidratar nuestros sistemas? La respuesta, aunque sólo sea por un simple cálculo de probabilidades, setenta-treinta, es cuanto menos dudosa.

Salimos del agua: el líquido seminal, en el que nadan los espermatozoides que buscan con ansia desesperada un óvulo que fecundar, contiene un noventa por ciento de agua. Son millares de minúsculas bombas de vida de colas inquietas y vocación exploradora que se mueven libremente en ese líquido blanquecino como en su medio natural. Allí dentro, nadando y coleteando, sobreviven y conservan parte de la información que dará origen a cada nuevo ser vivo. La otra parte está en el óvulo, otra célula llena de agua, que nace de los ovarios de todas las posibles madres. Y en el momento de la unión, óvulo y espermatozoide están flotando en el agua.

Nacemos en agua: el noventa por ciento del líquido amniótico, esa burbuja acuática que llevan las futuras madres en su vientre y en la que pasamos los primeros nueve meses de nuestra preexistencia humana en un flotante estado fetal, es agua. Y el primer latido del futuro corazón que controlará la vida, se enciende en medio del agua. Parir debajo del agua, en bañera o en piscina, dicen que es aconsejable porque así el tránsito desde nuestra cuna de agua hasta el nuevo medio aeróbico, donde viviremos siempre, sucede de forma más natural. Y es también bien conocido que en los primeros instantes de vida los bebés saben nadar. ¿Recuerdos de un remoto pasado acuático?

Pero duran poco los recuerdos de ese pasado embrionario y, al poco rato de nacer ya pasamos a ser otro habitante del mundo terráqueo donde sólo se respira aire. Un nuevo ser humano formado por un complejo entramado de órganos y sistemas todos compuestos de células. La célula es la base biológica de nuestro cuerpo y en cada una de ellas se guarda la información que nos hace funcionar: azúcares, ácidos grasos, nucleótidos, proteínas o aminoácidos, todos flotando en un agua que ocupa el setenta por ciento de cada unidad celular donde vive un ADN que ¿conserva las huellas del agua?

Y ¿quién es el director de esta máquina casi perfecta? El

cerebro que, al instante de nacer toma el mando de la nave. Puesto que de él depende el manejo de la vida, es el órgano más protegido del cuerpo y vive anclado dentro de una dura caja ósea fortificada con músculos y ligamentos. Allí se cuece nuestra existencia y en un mundo de bulbos, axones, neuronas, y neuritas, también compuestas de agua, alguien ha de llevar los mensajes. Ese mensajero es el líquido cefalorraquídeo, LCR, compuesto por tres cuartas partes de agua y el otro cuarto de hormonas, proteínas, vitaminas, minerales. Su función es lubricar todo el sistema, protegerlo de los golpes, eliminar las toxinas, alimentar y ayudar a que todas las transmisiones electroquímicas que se producen en el interior del cerebro alcancen bien su objetivo. Y también cuando descansa y el sueño lo domina todo, las visiones inconexas que corren por las neuronas lo hacen a través del agua.

Es mucho el volumen de agua que se mueve por el cráneo pero poco comparado con la que va en nuestras venas: más del noventa por ciento del torrente sanguíneo es agua. Y toda la sangre del cuerpo converge en el corazón, la patria de los sentimientos y el músculo más importante, un músculo que es un setenta y cinco por ciento agua *"Tiene un gran corazón"*, se dice del generoso. *"Le quiero con todo mi corazón"*, suspira el enamorado refiriéndose al motor de nuestras vidas, gran continente de agua. O ¿qué decir de la tristeza? Ese desgarro en el alma que transformamos en llanto. Las lágrimas que derramamos son un noventa y ocho por ciento agua con un pellizco de sal, sodio, potasio y glucosa. Agua triste.

Agua para llorar y agua para ver mejor. Para que la visión sea correcta la córnea debe estar humedecida y los párpados la limpian constantemente con una solución de agua. La luz pasa al cristalino y luego llega a la retina, ambas situadas dentro de un globo ocular lleno de *humor ocuoso*, que es noventa y nueve por ciento agua.

Y cuando nuestro cuerpo sube de temperatura por un esfuerzo físico, es el agua quien lo templa. El sudor es noventa y ocho por ciento agua y el resto: sal, sulfatos y diversas excreciones. Pero también en una situación de terror o de ansiedad máxima aparece el sudor frío. Es tan grande la impresión que el agua desborda la piel tratando de aplacar el susto. Agua aterrorizada.

Y cuando hace frío, igual. Las microgotas de agua que se alojan en la piel, en todo el tejido cutáneo, empiezan a cristalizar y esos hilos de agua fría llegan a un terminal nervioso que trasmite la noticia de que algo empieza a ir mal. Por medio de impulsos eléctricos, a sesenta metros por segundo, la información llega al cerebro a través de unas fibras nerviosas que están empapadas en agua, que es la mejor conductora.

Y es también gracias al agua que podemos caminar erguidos. La columna vertebral y todos los huesos del cuerpo contienen un veinticinco por ciento de agua mezclada con fósforo y calcio que les otorga dureza, y el colágeno, elasticidad. Los tendones que los fijan son músculos que llevan agua, y el líquido sinovial, esa sustancia viscosa que lubrica las articulaciones y permite el movimiento, es setenta por ciento agua.

Más agua: la saliva es el desinfectante más poderoso que existe y está compuesta en un noventa y nueve por ciento de agua. Mucha agua, que además sabe combinarse con más de treinta componentes, algunos muy agresivos, que sirven para mantener limpia la boca y evitar el contagio de gérmenes y bacterias que flotan en el ambiente o llegan en los alimentos. Alimentos que se digieren en la cavidad estomacal, gracias a unos potentísimos jugos, siempre disueltos en agua, que lo descomponen todo y lo transforman en salud. Agua fuerte.

Y sin agua no hay sabor, pues es ella quien activa las papilas gustativas que tenemos en la lengua, porque si estuviese seca sería incapaz de distinguir lo salado de lo dulce o lo amargo del picante. Agua que nos da el sabor y que nos lava por dentro y que después expulsamos. La orina es un noventa y seis por ciento agua, líquido que hay que reponer sin falta para que la máquina siga en funcionamiento.

Pensamientos, sensaciones, emociones, esfuerzos, miedos o sueños, ¿serán todos ajenos al agua, su componente principal? y si el agua condiciona todas esas funciones ¿también condiciona el carácter?

Hace mucho tiempo, cuando la humanidad era joven y no existían ni la razón ni la ciencia, fenómenos, hechos y actos trataban de explicarse por medio de la superstición, la magia, la astrología o el arte de la adivinación. Aún no se conocía la composición del cuerpo pero el astrólogo ya intuía que el movimiento de los cuerpos celestes influía en el comportamiento humano. *"Así como el mar siente el influjo de la luna y lo convierte en mareas, así sienten nuestros fluidos la influencia de los astros"*. Y tratando de ponerlo en orden surgieron los horóscopos y zodiacos que han llegado a nuestros días. Los hay en muchas culturas pero nosotros conocemos tres: el chino, el hindú y el babilonio que luego heredaron los griegos y después llegó a occidente.

Según ellos, nuestro carácter y comportamiento están regidos por el movimiento de los astros y la combinación de los cuatro elementos básicos que hay en la naturaleza: fuego, aire, tierra y agua, cada uno con sus propias cualidades. Pero mientras, según la tradición hindú, el fuego ocupa sólo un cuatro por ciento del total del cuerpo humano, el aire el seis, y la tierra el doce, el agua ocupa más del setenta restante y por eso su influencia es mayor que la del resto. Al agua los astrólogos la asocian con la sensibilidad, lo intangible, lo desconocido, lo inestable y lo mutable y por ello las personas nacidas bajo la influencia del elemento agua son seres que se rigen por las emociones, los sentimientos y todo lo que les rodea: pasiones, anhelos, celos, miedos, altruismo, compasión...

En el horóscopo chino el agua domina los años terminados en dos y en tres y los signos Rata, Jabalí y Buey. En el hindú, el agua se llama *kataka* y domina a *Los Emotivos* que son aquellas personas nacidas bajo el signo *Kataka-Chandra*, allá por el mes de junio. Y en el occidental, el agua domina Cáncer, Escorpio y Piscis, este último con una particularidad ya que, según la tradición esotérica, el Creador le dijo a Piscis: "*Te doy el bien más preciado. Serás el único de mis doce hijos que me podrá entender, pero el don del entendimiento será sólo para ti. Piscis, guárdalo, porque cuando trates de participarlo al hombre, él no te escuchará*".

¿Peces que entienden a un dios?, ¿tendrán un secreto en común? Son viejos conocimientos que parecen supercherías en los tiempos actuales, pero que permanecen muy vivos pues todavía hay mucha gente que consulta los horóscopos antes de una decisión o ante un problema grave. Y en India es casi obligado: allí no se puede concebir una boda sin que el astrólogo haya determinado antes si el carácter de los cónyuges es compatible. Y también es su deber establecer la fecha y hora exacta en que debe celebrarse, que siempre debe coincidir con una posición favorable de los astros que dominan las dos vidas. También en la China moderna, el Nuevo Año marca la entrada de un nuevo signo: 2012, 2013 han sido años de agua. Y en la cultura occidental, la pregunta ¿de qué signo eres? es habitual para tratar de entender la personalidad del otro.

Primero fue la astrología y luego vinieron los dioses. En las culturas politeístas siempre había un dios o diosa que dominaba las aguas. En Grecia era Poseidón; en Polinesia, Tangaroa; en los yoruba, Yemanyá; en los aztecas, Tlaloc, en los mayas, el viejo y sabio Chaac, y cientos de dioses más. En cada religión o culto, aquellos dioses del agua siempre ocupaban un sitio cercano al Creador y a ellos les dedicaban ritos y sacrificios, algunas veces sangrientos, para que trajeran prosperidad y abundancia y no muerte y destrucción. Planetas, mitos y dioses tratando de buscar respuestas a enigmas que aquellas mentes antiguas no lograban desvelar. Hasta que llegó Tales.

Hace veintisiete siglos, Mileto era la más próspera colonia griega de la costa oriental del Egeo gracias a sus comerciantes. Eran gente acomodada y en una de esas familias creció un muchacho inquieto que ya desde muy pequeño dedicaba la mayor parte del tiempo a una sola ocupación: la observación de su entorno. Observaba, deducía, extraía conclusiones de todo lo que veía y luego lanzaba teorías que llegaron a abarcar muchos campos del conocimiento. Innovó en astronomía, geometría, ingeniería, y en matemáticas le puso nombre a un Teorema que, veinticinco siglos después, todavía se estudia en la escuela. Tales vivió ochenta años y en su esfuerzo por comprender el mundo que le rodeaba, observó que en todas las manifestaciones de la naturaleza, ya sean plantas, árboles, animales o griegos, el agua siempre estaba presente y su conclusión fue: *"El agua es el elemento y principio de todas las cosas"*.

Según él todos los seres vivos tenían un origen común y ése no podía ser otro que el agua. Tales pensaba que su mundo era un disco flotante sobre una interminable extensión de agua, a la que llamó Océano y en cuyo seno surgieron todos los seres vivos.

La sabiduría de Tales fue reconocida por sus contemporáneos que le otorgaron el título de filósofo, o amante del saber y su nombre fue incluido en el exclusivo club de Los Siete Sabios de Grecia. Fue el primer filósofo de la naturaleza y el primer occidental en jubilar a los dioses como creadores del mundo y en señalar que la naturaleza tiene mecanismos propios y que sólo hay que estudiarlos para ver cómo funcionan.

Al parecer Tales sólo escribió dos libros, o se le olvidó escribirlos, todavía no está claro, pero lo que sí está claro es que sus teorías y descubrimientos fueron trasmitidos y estudiados durante generaciones. Pitágoras, Anaximando e Hipócrates, el primer médico europeo, recogieron y ampliaron su legado de saber. También lo hizo Aristóteles quien, trescientos años después, hace referencia a él en su libro *Metafísica*:

"La mayoría de los primeros filósofos consideró que los principios de todas las cosas eran sólo los que tienen aspecto material (...) En cuanto al número y a la forma de tal principio, no todos dicen lo mismo. Tales, el iniciador de este tipo de filosofía, afirma que es el agua, por lo que también declaró que la tierra está sobre el

agua. Concibió tal vez esta suposición por ver que el alimento de todas las cosas es húmedo y porque lo húmedo nace del propio calor y por él vive. Y es que aquello de lo que nacen es el principio de todas las cosas. Por eso concibió tal suposición, además de porque las semillas de todas las cosas tienen naturaleza húmeda y el agua es el principio de la naturaleza para las cosas húmedas".

Medicina, astronomía, derecho, política, geografía, matemáticas..., fue en Grecia donde se forjaron las bases del conocimiento que después heredó Roma con resultados distintos. Muy distintos, pues mientras Grecia era y es un país seco, la región del Lazio en Italia rebosa agua por los poros. Cientos de arroyos, riachuelos y manantiales que convergen en el Tiber en cuyas fértiles orillas se fundó la Ciudad Eterna. Ya los primeros romanos se dieron cuenta muy pronto del valioso tesoro que llegaba de sus montes y supieron aplicarlo para extender su cultura. Así lo cuenta el geólogo Eugenio de Loreto *"Roma fue la única metrópoli de la antigüedad que comprendió la importancia de tener disponibilidad de agua para las necesidades de la población, la consecuente expansión urbana y el desarrollo de la civilización".*

Y siguiendo este principio organizaron la vida. A Roma la abastecieron de agua con once acueductos construidos con un nivel de ingeniería hidráulica similar al actual y que la convirtieron en una ciudad fresca y limpia. Uno de ellos, el Acqua Marcia, la traía desde el río Anniene que corre por los Apeninos a unos noventa kilómetros al este. También fueron los primeros en tener lo que hoy equivaldría al ministerio de medio ambiente. Los llamaron *Res salubritas*, los asuntos de la salud y estaba enfocado, sobre todo, hacia el buen uso del agua. En su nombre se diseñaban sistemas, se promulgaban leyes y se establecían multas para cualquier infractor que perjudicase o impidiese la distribución del agua. Los resultados de aquella cultura se tradujeron en inventos y en aplicaciones prácticas que han llegado a nuestros días y que el historiador Edmundo Pérez enumera en su blog:

"*Tintorerías, piscinas, piscifactorías (de agua dulce y salada), tuberías, el grifo monomando, molinos de agua, acueductos, norias, fuentes decorativas y cascadas, recogidas de agua pluvial, cisternas, sifones, pago por el suministro público de agua, multas por contaminar, agua a presión para diferentes usos, cloacas y alcantarillado. Y el más famoso de todos, que aún está presente en muchos hogares del mundo: il aquari, el fontanero*".

De todo esto se encargaba el *curator aquarum*, un senador de alto rango designado y controlado por el mismo emperador, y cuyo único trabajo era el de vigilar y regular el correcto uso del agua. Con tanta agua disponible la población se habituó a la higiene personal y la asistencia a los baños era algo cotidiano. Los había por toda la ciudad y en todos se leía una inscripción en la entrada: "*In acqua sana est*" junto a una representación de *Fons*, el dios de los manantiales.

Y este lema se cumplió porque un par de siglos después, el pueblo romano ya estaba preparado para ampliar sus fronteras. El agua les dio la salud, la salud les dio la fuerza, la fuerza les dio las legiones y las legiones arrasaron el arco Mediterráneo en formación de tortuga, que es como una fortaleza acuática. Y también les hizo ricos pues, aprovechando la fuerza del agua, los ingenieros romanos pudieron socavar montañas y extraer hasta el último gramo de oro y plata que había en su interior.

Cuando César cruzó el Rubicón y comenzó su expansión, iba de la mano de su joven arquitecto: Vitruvio, cuyo hombre de proporciones perfectas pintó Leonardo de Vinci, catorce siglos más tarde. Vitruvio diseñó edificios públicos, palacios, foros, fortificaciones, sistemas de alcantarillado, acueductos y sentó las bases arquitectónicas de las ciudades modernas. La *civitas* romana. Un lugar hecho para los ciudadanos. Todo ese conocimiento lo dejó escrito en Diez Libros, Tratado de Arquitectura, cuyo libro octavo está dedicado exclusivamente al agua. Lo tituló *Idraulica*, y da consejos como estos:

"Siguiendo los pasos de los autores griegos Theopastros, Timeo, Hegesias, Metrodoro que, con gran cuidado y atención, dieron a conocer las propiedades del agua, voy a escribir sobre los diferentes tipos de agua para que la gente pueda elegir las fuentes de donde recoger el agua de ciudades y municipios".

"...Hay fuentes termales de las cuales sale un agua excelente de sabor y agradable de beber, como la que trae el acueducto de Marcia".

"...porque con gran celo debemos elegir las fuentes adecuadas apuntando al bienestar de la comunidad".

"...Hay algunos manantiales que tienen la propiedad de que los que nacen allí tiene finas voces para el canto, como en Tarsus y en Magnesia".

"...El agua de los tejados u otros lugares más altos se debe recoger en depósitos con pavimentación de esmalte. Estos se utilizarán para conservar el agua y se construirán por duplicado o triplicado, para que en caso de fuga, siga siendo saludable".

"...En este volumen he expuesto las virtudes y variedades del agua y cómo se debe saborear y suministrar a las casas y ciudades".

Julio César destruía y Vitruvio construía: eso hicieron los romanos a medida que avanzaban por el corazón de Europa y riberas de Mediterráneo durante trescientos años. Abastecer las ciudades, los cultivos de la zona y los campos de ganado. En Legio-Lyon, construyeron cinco acueductos y en Lutecia-París, tres. Allá por donde pasaban: Nimes, Metz, Colonia, Toledo, Segovia, Cartago, hacían fluir el agua en obras y monumentos que han llegado a nuestros días. Y entre ellos, destacando, las cisternas de Bizancio, la hoy llamada Istanbul, que mandó construir Justiniano hace casi dos mil años, y que todavía se visitan. Por todas esas naciones corrieron las aguas limpias junto con el idioma, las leyes, el arte, el urbanismo y las termas.

Al principio del imperio los baños públicos eran lugares modestos para el descanso y la higiene, pero con el paso de los siglos y según iban aumentando riqueza y refinamiento, fueron evolucionando hacia auténticos palacios. Gabriel Castelló describe como era la vida en ellos:

"Trajano, Caracalla o Diocleciano levantaron verdaderos monumentos. Las termas pasaron de ser un pequeño baño de barrio para lavarse y conversar plácidamente entre conciudadanos a palacios fastuosos de piedras nobles, repletos de lujos, estatuaria, pasillos, cientos de esclavos, diferentes salas con todo tipo de baños, además de negocios anexos y complementarios para satisfacer todos los apetitos de los clientes. Bibliotecas, tabernas y lupanares confluían en armonía en estos "spas" de la antigua Roma. Se hacía más política en la quietud de aquellas bañeras que en las sillas de la Curia, y las damas se enteraban de todo lo que ocurría en su ciudad sólo asistiendo frecuentemente a los baños".

Verdadera pasión por el agua, es lo que tuvieron aquellos antiguos romanos, un sentido y tradición que se ha trasmitido hasta hoy porque Roma es la ciudad donde hay más fuentes funcionando. Más de cien monumentales que le dan lustre, belleza y frescura y entre las que se encuentran las dos más famosas del mundo: la de Trevi y la de los Cuatro Ríos de Bernini.

Y también es Roma la ciudad donde el agua potable es más asequible al viandante pues en sus plazas, calles y jardines se ubican más de dos mil de sus queridos *nassoni*. Son los típicos caños curvados, con forma de nariz romana, insertados en un pedestal y en los que puedes beber tapando la boca del caño. Un hilo de agua fresca emerge por un pequeño orificio de la parte superior y socorre al paseante con la misma agua de los Apeninos sobre la que fundó su imperio.

Eso ocurrió en Occidente, pero también en Oriente, mil años después de la caída de Roma, existió otro grupo humano que decidió vivir del agua. Se llamaban los bajau, — *gente que pesca*, en su idioma— y eran nómadas del mar. Su patria era el mar de Sulu, que es más grande que Francia y se extiende entre las costas de Indonesia, Filipinas y Borneo. Por ese mar se movían como *pez en el agua* pues, conociendo bien sus ciclos: corrientes, migración de los pescados, sus mareas y ciclones, eran capaces de encontrar siempre las mejores condiciones para poder subsistir.

Ya en el siglo XVI, los portugueses los describían *"como gente pacífica que prefería levar anclas y marcharse antes de entrar en conflicto"*. En cambio, otros los conocían como gitanos del mar, y en algo sí se parecen: no tenían patria fija, eran nómadas de naturaleza, su música recordaba a los ritmos del Sur de India y o al *quejío* andaluz, y las mujeres lucían ropas de vivos colores y adornos en brazos y cuello.

Los bajau vivían en sus lipa-lipa, unas lanchas de diez metros con balancín exterior y cubiertas con una techumbre de hojas de mangle trenzadas, sobre las que desarrollaban todo su ciclo de vida: nacer, crecer y morir. Los niños aprendían a nadar, bucear y pescar antes que a caminar, pues para eso apenas había lugar y uno de sus juegos preferidos era engancharse a las colas de tiburones pequeños para que tiraran de ellos. También se dice que veían mejor bajo el agua que cualquier otro ser humano.

Apenas pisaban la tierra, entre otras razones porque les daban mareos, el *mal de tierra*, y también porque el mar les proporcionaba todo lo que necesitaban. Pescado y marisco para comer; algas para secar y poder hacer fuego en la barca para después cocinar; y perlas, pepinos de mar y coral para intercambiar en los poblados costeros por arroz, azúcar y tabaco. La única duda que tengo y que no he logrado averiguar es: ¿qué tipo de agua bebían durante la estación seca que dura más de cuatro meses?

Los bajau se movían en pequeños grupos de entre dos y seis familias, pero un par de veces al año se juntaban para celebrar las fiestas en honor a Omboh Dilaut, el espíritu del agua. En esas ocasiones se llegaban a juntar cincuenta y sesenta barcas que, unidas entre sí por cabos, formaban una pequeña ciudad flotante. Allí se formaban nuevas parejas, se celebraban las bodas y también los funerales, aunque los muertos siempre se enterraban en las playas para no contaminar el mar. Esa era la manera de no despertar a Sathien, el demonio de las profundidades, que sólo atrae la desgracia.

Así vivieron los bajau durante siglos pero ahora, a causa de los piratas que acechan las rutas de los cargueros, los buques factoría que arrasan con el pescado y las autoridades de los países ribereños que quieren controlarlos, incluirles en registros y saber adónde van, muchos se han ido a la costa. Allí viven en palafitos de madera construidos en bahías someras o ensenadas de aguas claras. Ya casi no quedan familias que vivan en lipa-lipa pero todavía hay algunos que añoran aquella forma de vida. Dice una mujer bajau señalando la curva azul del horizonte. *"Nos gusta vivir aquí y poder ir donde queramos. El mar es como nuestra patria"*.

Otro que aún conserva sus costumbres ancestrales es Sayden, el hombre que camina bajo el agua. Delgado, fibroso y muy ágil confiesa que: *"me siento en casa bajo el agua y sobre su superficie"*. Sin pesas, traje, ni aletas, tan sólo con unas pequeñas gafas y un rústico arpón de gomas, Sayden camina sobre el fondo como una sombra marina. Moviéndose a cámara lenta, apenas sin levantar arena, va mirando a todos lados hasta que encuentra su presa. Dice que puede bajar veinte metros a pulmón, algo al alcance de pocos y que puede estar hasta siete minutos buceando, pero no puede probarlo porque no tiene reloj: él sigue el tiempo del agua.

Sayden es una de esas personas que sienten una atracción especial por el agua pues es el elemento que domina su existencia. Pero la Historia nos muestra que ha habido muchas más y de lo más variopinto: desde científicos, ingenieros, deportistas, viajeros y artistas hasta filósofos, visionarios, abducidos y pirados.

Un gran pirado del agua fue el rey Felipe V de España, un hombre perturbado que entre otras manías raras, deliraba todo el día; era obseso sexual; sólo se dormía si *il castrato* Farinelli cantaba al pie de su cama; trató de abdicar dos veces pero no lo consiguió y tenía miedo a las camisas. Pero el cuadro fue a peor cuando un día, en una jornada de caza, creyó que le atacaba el sol y entró en una crisis profunda. A partir de aquel momento ya no salió de su cuarto, creía que estaba muerto y preguntaba a sus guardias que por qué no lo enterraban.

No dejó que le cortaran el pelo, ni las uñas de los pies y tampoco que le afeitaran ni cambiaran de ropa así que, al cabo de unos cuantos meses, más que el rey de un imperio que tenía posesiones en los cinco continentes y del que se decía *"que nunca se ponía el sol"*, Felipe V parecía un mendigo andrajoso que vagaba por palacio en busca de una limosna. Poco a poco mejoró y consiguió más o menos ocuparse de su imperio pero un día tuvo una revelación milagrosa. Existía un arma infalible capaz de vencer al sol: el agua.

A partir de ahí dejó el mando a ministros y generales con los que despachaba un rato por las mañanas sin salir de sus estancias y se dedicó a buscar un lugar donde abundara un agua que le salvaría de los ataques solares. Lo encontró en un pueblo perdido de los montes de Segovia y ahí hizo construir un pequeño palacio y unos jardines enormes que llenó de juegos de agua. Cuando terminó la obra, cuatro años después, el parque era un escenario acuático compuesto de escaleras, rías, cascadas y fuentes alimentadas por un gigantesco estanque al que llamaban *El Mar* y llenas de figuras tan estrambóticas como la mente del rey. Campesinos que se convierten en ranas con grandes bocas surtidor. Monstruos saliendo del agua. Montones de ninfas desnudas. Dioses con cola de pez. Y tritones, faunos y sirenas junto a Apolo tocando su lira. En total, más de quinientas figuras todas moldeadas en plomo porque no había bronce suficiente en todo el imperio español para tanto desvarío.

Fui a visitar las fuentes un veinticinco de agosto, San Luis, que es el patrón de La Granja, y por eso las exhiben. Una por una, porque como me explicó uno de los jardineros *"Si las hacemos funcionar juntas, el pueblo se queda sin agua"*. Aun así, el espectáculo vale la pena. Chorros de cuarenta metros, como lanzas de agua blanca que se clavan en un cielo salpicado de arco iris. Escaleras de agua que producen un murmullo relajante. Surtidores que crean arcos tensados de agua o como espadas cruzadas que tratan de defender al rey de los ataques del sol.

Un dispendio de agua atroz que le costó una fortuna, como una vez reconoció admirando los baños de Venus, fuente con cien esculturas, *"tres minutos me divertís y tres millones me costáis"*. Además de poner en peligro el abastecimiento de agua de los pueblos de la comarca. Pero al rey le daba igual porque el agua le calmaba y, a medida que envejecía pasaba más tiempo allí hasta que unos veinte años después murió, aún no se sabe si por culpa de un ataque de las camisas o de los rayos del sol.

Otro personaje peculiar abducido por el agua fue don Jesús Chaín, propietario de una hacienda ganadera en un pueblito perdido en el México Central. El pueblo se llama Tlacote y es allá donde se armó uno de los jaleos más grandes que se han dado en torno al agua. Un buen día de 1991, un perro que estaba enfermo de lepra, cayó en un pozo con agua y a los cinco días se curó. Don Jesús se fijó en la extraña mejoría y aplicó el mismo remedio a una vaca y a una persona enferma, que en ambos casos mejoraron. A partir de ahí comenzó a correr la voz y se formó la chingada porque a las pocas semanas gente de todo el Estado quería probar aquel agua. Y del Estado al país y de éste al continente.

Un año después del hallazgo, en las puertas de la hacienda se juntaban a diario de tres a cuatro mil personas. Llegaban en más de cien autobuses procedentes de todas partes. De Colombia, Guatemala, Argentina o California, venían grupos de gente para cargar las garrafas. Desde Tejas había un autobús mensual que iba lleno de enfermos. E incluso *celebrities* de Hollywood y Miami solicitaron garrafas. Hasta enfermos terminales acudían por el agua, quizás porque, como decía un médico del lugar *"el perdido, a todo va"*. Imágenes de la época colgadas en internet muestran aquellas filas kilométricas, familias durmiendo en carpas porque el turno no alcanzaba a llegar en un solo día a las puertas de la hacienda, y muchas personas rezando. Y es que, según el propio don Jesús, aquel agua lo curaba todo: diabetes, epilepsia, artritis y hasta el sida que por aquellos días hacía estragos en el Norte. En vez de fiebre del oro, lo que se despertó en Tlacote fue una fiebre por el agua.

Otra razón importante para atraer aquella avalancha humana fue que don Jesús no cobraba: el agua la regalaba, aunque sí aceptaba dádivas en forma de lo que fuera: cobijas, gallinas o camotes. Además su esposa era una médico de gran paciencia que escuchaba al visitante y le recetaba las dosis y la cantidad de agua que tenían que beber.

Pero al cabo de dos años la cosa se desmadró. Los niños dejaron la escuela para acarrear el agua de los visitantes a cambio de una propina. Y los agricultores abandonaron sus campos para vender enchiladas a las puertas de la hacienda que era mucho más rentable. Policías, concejales y otras autoridades buscaron su beneficio y al final, le amenazaron con cerrar la instalación si ellos no conseguían una parte del botín. Pero don Jesús les respondía *"que él no ganaba nada y que si le cerraban el pozo tomaría el Palacio de Gobierno con enfermos y solicitantes de agua".* Y así llegó un momento en que las aguas de Tlacote eran más conocidas que las del santuario de Lourdes.

Pero según pasaban los meses don Jesús comenzó a dar signos de agotamiento y empezó a platicar cosas raras. Así lo cuenta Edmundo González, su cuate periodista con quien habló muchas veces: *"La misión que me ha dado Dios y que me han repetido los extraterrestres es la de curar a la gente. Me dijeron, pues, que el mundo se va a acabar. Pero ellos me han prometido un asiento en una nave espacial. Así que lo que debo hacer es cumplir mi destino y el destino del agua de Tlacote".*

Se realizaron varios análisis científicos, todos al final con el mismo resultado: el agua no contenía ninguna sustancia especial que pudiera explicar su fuerza benefactora. Pero había tanto en juego que pronto comenzó la picaresca. La gente de alrededores vendía el agua de sus pozos como agua de la hacienda, pero algunas estaban contaminadas e hicieron enfermar a gente. Y así fue como la fiebre por el agua de Tlacote comenzó a remitir. El rumor volvió a correrse, esta vez en negativo, y en sólo cuestión de meses, las colas desparecieron, los autobuses se fueron y el olvido lo cubrió todo. Pero don Jesús insistía en seguir haciendo el bien, como cuenta al periodista. *"Convencer a la gente de que sólo quiero hacer el bien me ha costado más trabajo que despertar la fe en el agua. Pero no estoy muy preocupado: el mundo se va a acabar. Y pronto. Los extraterrestres ya me tienen un sitio guardado en su nave. Ya les dije que quería que tu vengas conmigo pero, a pesar de*

que ellos no querían, después de mucho trabajo los legré convencer
¿Vendrás?"

En 1995, cuatro años después del comienzo de aquella locura acuática, el pequeño pueblo de Tlacote volvió a la normalidad y del recuerdo del agua sólo quedaron las fotos y unas instalaciones abandonadas que aún se pueden visitar. Y en cuanto a don Jesús Chaín murió nueve años después, olvidado, resentido y todavía preguntándose cuando llegaría la nave que le llevaría al espacio para repartir su agua.

Ha habido gentes tan vinculadas con el oficio del agua, que al final, la han tomado de apellido. Antonio Aguado, María Fontán, John Waters, Isabella Bevilacqua, son algunas de las personas que llevan el nombre escrito en su pasaporte revelando un pasado familiar conectado con el agua. Apellidos y vocaciones que en ciertas personas se alía: el de Jacques Cousteau, el hombre que dedicó su vida a dar a conocer el mar, se compone de *Coust* y *eau*, que significa literalmente *El que Custodia el Agua*. Otro apellido famoso que termina en agua, *eau*. Jean Jacques Rousseau, el primer ecologista de la edad moderna y uno de los fundadores de la Ilustración, decía que: *"He amado siempre apasionadamente al agua y su vista me sumerge en un sueño delicioso"*. Y en España, Eduardo Paniagua, autor, junto al Arabí Trio, del disco *"El agua de la Alhambra"*, un canto al canto del agua ¿Tendrán que ver sus apellidos con su querencia hacia el agua?

Sin embargo, el hombre que le puso motor a la sociedad y la hizo despegar no se llamaba *waters*, sino Watts, que es como una especie de apócope, y ese día tan crucial estaba pensando en el agua.

James Watts era un escocés delgaducho que vivía en

Edimburgo a final del XVIII. De profesión ingeniero se especializó en motores, una rama de la mecánica que empezaba a despuntar en una época en que el carbón era la base del bienestar de la sociedad inglesa. Con carbón se cocinaba y se calentaban las casas y por eso las minas proliferaban a lo ancho y largo del país, aunque todas con un mismo problema. A poco que se excavaban nuevas galerías, el agua las inundaba. Así que para seguir profundizando había que encontrar una manera de extraer agua sin parar. Diseñaron y ensayaron con máquinas lentas y torpes que no eran nada eficientes y que apenas dejaban progresar la mina. Durante muchos años Watts observó y pensó sobre el asunto, hasta que un día paseando por el campo encontró la solución, como él mismo contaba: *"Estaba dando un paseo una hermosa tarde de domingo. Pensaba en la máquina cuando llegué a casa de un campesino. En ese momento me vino a la cabeza la idea de que siendo el vapor de agua un fluido elástico se precipitaría por sí mismo en el vacío y por lo tanto si ponía en comunicación el cilindro con un recipiente que reinara el tal vacío, el vapor pasaría allí sin necesidad de enfriar el cilindro"*.

Y se puso a trabajar. ¿El resultado? La invención del cilindro del motor, con émbolo y con pistón. El mismo mecanismo que hoy, doscientos años después, lleva dentro cualquier motor de combustión, desde el pequeño Fiat 500 a cualquier deportivo armado con ocho cilindros en V. La segunda gran revolución que vivió la humanidad, la industrial, se puso en marcha aquella *hermosa tarde de domingo* y todo gracias al agua. Lo mismo que la primera, la agricultura, que había tenido lugar ocho mil años antes, y que también pudo llevarse a cabo por el dominio del agua.

Así fue como la sociedad dio otro gran paso adelante

porque, a partir del invento de Watts llegaron el ferrocarril, el telar mecánico, el automóvil y el trabajo en unas fábricas que dio la oportunidad de mejorar su existencia a millones de personas. La idea de Watts fue tan grande que a la hora de su muerte su país le otorgó el honor de ser enterrado en la Abadía de Wetsminster, no lejos de Newton y Darwin.

Un hombre que puso motor a la sociedad y otro que curaba sus enfermedades gracias al agua de mar.

René Quintón nació en Francia en 1866, en el seno de una familia bien que le financió una juventud tranquila. Inquieto de conocer mundo viajó por Italia, Grecia y Egipto y mientras viajaba, escribía. Quintón, como en su día lo fue Tales, era un gran observador y todo lo analizaba hasta que una tarde de invierno, a los veintinueve años, vio una víbora en un rincón que se estaba desperezando. Y eso le encendió la luz.

"La naturaleza no creó a los animales para dormir. Y entonces quizás esta víbora no se encuentre en su medio original" A partir de ese momento, sin tener nociones de química, medicina o biología, y ayudado por amigos, comenzó una investigación acerca del origen común de todos los seres vivos. *"La vida animal, aparecida en estado de célula, tiende a mantener, para su idóneo funcionamiento celular, las células constitutivas del medio en el cual se originó"*.

Lo que siguió a continuación duró más de veinte años, en los que Quintón analizó la sangre de casi todas las familias de seres vivos. Desde esponjas hasta mamíferos, pasando por protozoos, gorgonias, artrópodos, peces y toda la cadena trófica. Los análisis revelaron que todo organismo animal era un verdadero acuario marino con agua, sales y minerales en proporciones muy parecidas a las que contiene el mar. A la época identificó hasta veintitrés y su conclusión fue rotunda: todos venimos del mar. *"La condición acuática es esencial en las células y por este hecho, el origen de la vida animal es necesariamente acuático (...) La vida animal, al crear organismos cada vez más complicados e independiente, primero los habitantes del mar y después los de agua dulce y tierra, ha tendido siempre a mantener las células que componen estos dichos organismos como en un medio marino, natural o reconstituido"*.

A ese medio marino Quintón le llamó *medio vital*, y partiendo de esa base empezó a experimentar con toda clase de animales. Sustituía cierta cantidad de sangre de cangrejos, peces, perros, ratas o caballos, por agua de mar tratada y les dejaba recuperarse. Casi todos lo hacían y una de las razones, que dejó a Quintón perplejo, era que los glóbulos blancos, las células más vulnerables que hay en la sangre y que es casi imposible que vivan en otro medio si no el suyo, lograban sobrevivir en ese *medio vital*. El descubrimiento le produjo tanta seguridad que entonces dio el siguiente paso *"La nueva concepción del organismo como colonia de células marinas, no puede dejar de intentar, o al menos de ensayar y buscar aplicaciones terapéuticas"*.

Y cuando Quintón tuvo la certeza de que el medio vital sanaba a los animales, comenzó con los humanos. Fundó un dispensario en París donde atendía a enfermos de sífilis, cirrosis, artritis o hemorragias graves con resultados sorprendentes para una época y una mentalidad que aún no estaba preparada. Su éxito fue tan fulgurante como inesperado y pronto se extendió la voz de que aquella nueva forma de curar era efectiva y barata, así que su dispensario se llenó de todo tipo de enfermos. Para poder atender a todos los solicitantes Quintón fundó nuevos dispensarios por los barrios de París y después extendió su red por toda Francia y algunas capitales como Londres, Bruselas o Alejandría, donde curó a miles de personas sólo con tratamientos basados en agua de mar. Pero sobre todo a niños.

Su amigo y médico adjunto, el doctor Jarricot, escribiría algunos años después recordando los primeros tiempos de aquellas curas marinas. *"Nada borrará la inolvidable visión. Las madres desesperadas, arrodilladas, entregando a sus hijos moribundos"*.

En 1905 una epidemia de cólera asoló el sur de Francia y Quintón salvó a cientos de miles de niños. Y no sólo los salvó del cólera: también de gastroenteritis crónica que acababan con su vida en menos de una semana, de la intolerancia a la leche, de retrasos en el desarrollo, o de las fiebres tifoideas. De todas se recuperaban de manera casi milagrosa a partir de las primeras inyecciones y a los pocos días se les veía bebiendo su biberón y ganando peso rápido.

Tan lejos llegó su fama que, a las puertas de la Gran Guerra, un mariscal de campo llegó a insinuar que la tropa cargase en sus mochilas una pequeña reserva de agua de mar y una jeringa como remedio de urgencia.

En 1914, ya había una veintena de dispensarios marinos funcionando por el mundo, pero llegó el gran desastre y todo se fue a pique. La Primera Guerra Mundial, la más sangrienta de la historia, dejó a Europa en ruinas y causó millones de muertos y heridos. Quintón se fue a combatir al frente así como sus médicos y enfermeros, de manera que los dispensarios cada vez más faltos de personal, comenzaron a cerrar. Después la posguerra fue terrible: la miseria, el hambre y la muerte campearon por Europa durante los siguientes años. Pero Quintón ya no tuvo suficiente fuerza como para reabrir sus centros y, aunque siguió con sus investigaciones, ocho años después del final de la contienda, a los sesenta años de edad, murió de una angina de pecho después de haber salvado miles de vidas con agua, hecho que Francia reconoció brindándole un funeral digno de jefes de estado.

El método Quintón se continuó utilizando de manera muy común hasta que la industria farmacéutica, a partir de mediados del siglo XX creó antibióticos, vacunas y sueros con los que atajar las mismas enfermedades que Quintón curaba sólo con agua de mar. A pesar de que ya no está tan extendido su uso, los laboratorios Quintón siguen elaborando y vendiendo su agua marina porque, cien años después, aún tiene seguidores. Y no sólo se usa en Europa como método de prevención, también en otros países y en algunos, desde hace muchas generaciones.

Sikelele, un muchacho sudafricano de la región de Makile, no lejos de Port Elisabeth, relata así la tradición que ha visto desde chico *"Beber agua de mar es una costumbre muy antigua en mi comunidad. Lo he visto hacer a mis padres que a su vez lo habían visto a sus abuelos (...) Es una costumbre muy saludable que pienso seguir haciendo y que un día enseñaré a mis hijos para que lo conozcan. No cuesta dinero. Simplemente vas al mar y bebes el agua"*.

En Nicaragua hay más de cincuenta dispensarios donde se ofrece agua de mar gratuita y ya se tiene constancia de cientos de curaciones. Y en La Ceja, un pueblo de la región de Antioquía, Colombia, Laureano Domínguez distribuye agua de mar gratuita. Cada uno o dos meses va con su camión a la costa del Caribe, extrae agua de profundidad y la trasvasa a garrafas que pone a libre disposición los cincuenta mil cejinos. En bares, comedores, centros sociales o edificios públicos, cualquiera tiene acceso gratis. Y afirman sus habitantes que en el pueblo se han curado casos de malnutrición, gastritis, tabaquismo, drogadicción y otras enfermedades. Y que las farmacias venden menos medicinas.

Hoy el agua de mar como medicamento no está en el *vademecun*, quizás por intereses creados o por que no cumple las reglas ¿quién las pone? pero al menos está ahí, a libre disposición de aquel que quiera creer en su poder y su fuerza.

Somos los nietos del mar. En su útero crecieron los primeros seres vivos y de allí venimos todos. Pero ese agua primigenia que hizo de líquido amniótico en el que emergió la vida... ¿de dónde y cuándo llegó?

El origen del agua

"Nosotros, hijos de las aguas, de la Tierra y
del Sol somos una brizna de paja,
un feto incluso, de la diáspora cósmica."

Edgar Morin

Se conocen dos teorías que tratan de explicar cómo llegó el agua a La Tierra, ninguna de ellas completamente probada. Una, que toda el agua que existe hoy provenga de material estelar que cayó sobre la superficie en la época de formación de La Tierra. A este largo proceso se le conoce como *acreción*, y se sabe que comenzó hace unos cuatro mil quinientos millones de años cuando materiales de todo tipo y tamaño se fueron aglutinando hasta formar una esfera muy caliente de fuego, rocas y barro. La segunda posibilidad es que todo el agua del planeta provenga de cometas helados y de meteoritos con el corazón de hielo, las condritas, que, millones de años después, bombardearon aquel planeta herviente convirtiendo su hielo en agua y creando los océanos.

Cualquiera de las dos es válida aunque lo más probable es que el origen de nuestra agua sea una combinación de ambas. Volcanes escupiendo agua incrustada en la corteza e inmensos cometas y meteoros cargados de agua hasta arriba. Pero eso fue mucho después de que existiera el agua que... ¿cómo y cuándo se formó?

Para responder a esto nos tenemos que remontar a mucho, mucho más atrás. Hasta La Gran Explosión, la creación del Universo conocido, teoría que ahora está en entredicho pero que aún aceptamos. Fue el colapso que sufrió la materia, o lo que fuera, previa a esta nueva eternidad y que dio lugar a la luz, el tiempo y a las galaxias y nebulosas que observamos actualmente. Pasaron billones de años, eones, hasta que en aquellas nubes primigenias comenzaron a fraguarse *las partículas elementales:* protones, electrones, quarks, que combinándose después fueron formando los átomos. El de hidrógeno es el más abundante en el Universo y componente principal de las estrellas del cosmos incluyendo, claro, al Sol.

Pero el oxígeno no. Este es mucho más difícil de encontrar porque sólo se origina en el interior de una estrella moribunda. Esta, a medida que se muere, va expulsando al Gran Vacío elementos muy diversos, ligeros o más pesados, hasta superar los cien. Son los átomos errantes y el oxígeno es uno de ellos, el tercero más corriente.

Y fue en uno de esos tempranos colapsos, cuando el hidrógeno y el oxígeno coincidieron por primera vez. Y fue verse y atraerse. Fue como un flechazo instantáneo. *Le coup de foudre* francés. La primera forma de amor. Una hermosa burbuja de oxígeno de brillos iridiscentes y ochenta veces más grande, frente a dos bolitas de un hidrógeno fuerte, enérgico y trabajador, que rondaban alrededor con un zumbido imparable. No hubo ojos para otros así que después de rondarse unos siglos, dieron el paso adelante y sellaron su alianza.

Hasta que la muerte nos separe, se debieron jurar uno al otro y en este caso cumplieron porque el agua ha sido la primera pareja estable que ha engendrado el Universo. Una pareja de tres que todavía perdura, catorce eones después, gozando de buena salud, creciendo en todas direcciones y con una extensa familia de las formas más diversas.

Con tanto espacio por delante y tantos átomos disponibles, se formó, y se sigue formando tremenda cantidad de agua. Tanta que la hay por todas partes y, aunque todavía es muy difícil verla en los límites del Universo, los telescopios de hoy día, a veces, son capaces de captarla. Lo hacen por su espectro de luz que es único y reconocible. La primera vez que se detectó agua interestelar fue hace más de cuarenta años en la nebulosa Orión y se estimó que era vieja, muy muy vieja. Después se ha encontrado agua alrededor de galaxias, quásares, estrellas o nebulosas de nombres tan sugerentes como Markarian 231; K 335; Antares o Betelguese. Y hay nubes de vapor de agua de proporciones tan grandes que están fuera de nuestro alcance mental. La de un quásar de nombre muy largo que tiene forma de autobús y es casi tan viejo como el Universo equivale a ciento cuarenta millones de veces la masa de todos nuestros océanos. Pero el record absoluto —de momento porque le durará poco— lo tiene la galaxia NGC 4258 cuya nube de vapor es treinta y cinco millones de veces la masa de nuestro Sol. Un océano sin orillas, como la llamaría el abuelo de Gabriel García Márquez.

El agua inició su viaje casi al comienzo del Tiempo, y ahí sigue todavía, intentando alcanzar los confines del espacio. En cada sistema que nace, el agua le está esperando. Y si no ha llegado, llegará. La nuestra, la que bebemos aquí, no sabemos dónde nació. Si fue producto de un cataclismo cercano o si llegó desde viejas nebulosas con edades que ni ellas confesarían sin llegar a sonrojarse.

De esta manera violenta el Universo se expande como máquina imparable siguiendo unas reglas escritas, mientras el agua fluye a su lado y es la que pone la salsa. Un Universo de cuerpos que se rigen por las leyes de la física convencional, las que descubrió Newton. Unas leyes, sin embargo, que no sirven para el agua que tiene las suyas propias. Ópticas, acústicas, térmicas, eléctricas, dinámicas y mecánicas, todas con unas características y unas propiedades que son exclusivas del agua.

Los límites de las estrellas se hacen cada vez más anchos y el agua viaja detrás pero arrastrando un defecto. Hidrógeno y oxígeno puros crean agua destilada y eso es una cosa estéril. Y lo estéril no perdura porque allí no crece vida y no puede mejorar. ¿Solución? Tendría que relacionarse con los demás elementos si quería llegar lejos. Primero con los más abundantes: carbono, nitrógeno, hierro, silicio, manganeso y en todos se hospedó. Y después con los menos abundantes: calcio, sodio, litio, oro, magnesio, potasio... y así hasta conocerlos a todos.

Esto sucedió durante el viaje del agua a través de las estrellas, aunque su forma de hacerlo es difícil de saber. Seguramente una parte se hospedada en los cometas o en cualquier objeto duro que pasaba por allí. Pero otra parte no. Era agua destilada que vagaba libremente en forma líquida, hielo o vapor dependiendo de las zonas que cruzase en su Odisea. Y esos océanos gigantes ¿viajarían como la lengua de un río que se mueve suavemente siguiendo gradientes cósmicos?, ¿cómo una marea tranquila?, ¿cómo un tsunami estelar?, ¿avanzará en línea recta o moviéndose en zigzag como el rey del ajedrez? o ¿serán plumas de lluvia que se mueven empujadas por los vientos estelares?

Sea la forma que sea, el agua avanza por el espacio como una marea imparable que va en todas direcciones. Y según llega a los sitios, o continúa o se queda: depende de las condiciones. Hay mundos muy conflictivos en los que el agua no entra, pero en el nuestro sí entró. Tras vagar por el espacio inviernos de eternidad, un joven Sistema Solar se le cruzó en su camino y el agua intuyó o sintió que estaría bien quedarse. Entonces lo rodeó y se dispuso a esperar.

La nube de Oort es una escombrera cósmica, una esfera de cascotes que envuelve todo el Sistema. A ella está llegando ahora la Voyager 1, a la heliopausa, los límites de la gravedad solar, después de casi cuarenta años de viaje, aunque nunca nos podrá informar si allí lejos queda agua porque no le quedan pilas para enviar el mensaje. En la vieja Nube de Oort se concentraron incontables materiales, algunos de puro metal o roca y otros mezclados con agua, y allí esperaron inquietos hasta que se produjeran las condiciones idóneas de calor y gravedad. Y entonces, como un pedrisco celestial, una parte de la nube se desplomó brutalmente hacia el centro de la estrella.

Era el tiempo de *acreción* de los planetas y nuestro Sistema parecía un campo de tiro al plato, con mucha gente lanzando y otros tantos disparando. O un juego de *pinball* con todas las bolas dentro. Rocas del tamaño del Everest chocando contra rocas del tamaño del Montblanc. Nubes espesas de gases envolviendo meteoritos de metal. Polvo cósmico. Rayos que cuecen el polvo. Misiles cósmicos de carbono o aluminio. Y cometas conteniendo tanta agua: diez, cien kilómetros cúbicos, que podrían rellenar de golpe medio lago de Assuán.

De todas formas entró el agua en la Gran Voraginé. Desde el exterior al centro. Pero el viaje era largo y para llegar a su meta el agua tuvo que cruzar la Zona Helada, donde flotan los planetas exteriores en estado gaseoso. Y de una manera o de otra, a todos los colonizó. Las superficies de Neptuno, Urano, Saturno y Júpiter, son balsas de gases letales de amoniaco, metano, hidrosulfuros o helio de miles de kilómetros de profundidad. Pero es casi seguro que debajo de ellos hay una capa de hielo maciza que protege océanos de agua líquida tan grandes que podrían envolver cuarenta veces la Tierra y a los que, por el momento, nos es imposible llegar. Eso es dentro del planeta porque afuera, el agua sigue flotando en parte de sus anillos y en algunas de sus lunas. Los trece anillos de Urano, que son como alambres de plata montados por un orfebre, están compuestos de hielo. Y en una de sus lunas, Miranda, hay un cañón gigantesco con un río de hielo en el fondo.

También en los anillos de Saturno se concentra mucho hielo, así como en dos de sus lunas. En Titán, cuya atmósfera es parecida a la nuestra primigenia, hay antártidas enteras bajo un suelo compuesto de etano e hidrocarburos. Y una cosa excepcional que sólo ocurre en esa luna: existen crio-volcanes activos. Son cráteres que en vez de expulsar fuego, expulsan nubes de hielo revelando la existencia de un interior congelado y a la vez en movimiento. Es como si allá abajo existiera una banquisa polar.

Pero la luna de Saturno que más asombra a astrónomos y aficionados es Encélado, con sus gigantescos géiseres. La sonda Cassini pasó entre aquella lluvia blanca y descubrió que era hielo virgen emergiendo de unas fallas kilométricas a una presión tan brutal que la punta del chorro alcanza los seiscientos kilómetros de altura. Parte regresa a Saturno y se agrupa en sus anillos, pero otra parte se pierde en el gran vacío helado y nadie sabe adónde va. ¿Podría llegar a la Tierra?

También el siguiente planeta, Júpiter, el más grande del Sistema, tiene agua en su interior. Su superficie la forman nubes de gas metano y hidrosulfuros de miles de kilómetros de espesor. Pero debajo sabemos que hay capas de hielo macizo protegiendo océanos de agua líquida a los que nunca llegaremos porque están a profundidades abisales y en condiciones extremas.

No vemos agua en Júpiter, pero si en tres de sus sesenta y tantas lunas. Calisto y Ganimedes albergan bajo una capa rocosa océanos congelados, y a Europa, el hielo la cubre entera. Europa es el cuerpo celeste que, a día de hoy, tiene más hipnotizado a la comunidad científica pues, debido a las condiciones del agua que se encuentra en su interior, puede que exista o haya existido vida. Con una temperatura cercana al cero absoluto, a lo largo y ancho de toda su superficie se pueden ver largas cordilleras blancas y angostos valles glaciares bajo una capa de hielo de diez o quince kilómetros de espesor. Y debajo de esa capa hay un océano líquido del tamaño de los Grandes Lagos que podría albergar organismos prebióticos como bacterias o arqueas.

Eso es lo que ocurrió en la Zona Helada que es donde se quedó la mayor parte del agua que llegó del exterior. Pero hubo una pequeña parte de aquella lluvia invasora que logró franquear aquel caos de frío, gases y corrientes y viajó hacia el interior donde había más planetas en proceso de acreción.

Eran cuatro: Marte, La Tierra, Venus y Mercurio, y a los cuatro llegó el agua con suertes muy diferentes.

En Marte sabemos que hubo mucha agua porque ha dejado varias pistas. *"Tenemos muchas evidencias de que, en el pasado, fluyó agua líquida en la superficie de Marte. Vemos cauces, canales, cráteres de impacto que albergarían lagos y minerales que se forman sólo en presencia de agua. Todo esto sugiere que hubo agua en el planeta, pero lo que vemos hoy es un Marte frío, seco y desértico. Para descubrir que pasó con el clima hay que averiguar qué pasó con la atmósfera que debió ser lo suficientemente densa como para mantener el planeta templado y poder albergar agua líquida en su superficie"*, comenta Bruce Jakosky, responsable de una misión de la NASA.

El cañón Valles Marineris es el cauce de un gran río que un día se evaporó. Es tan inmenso que cruzaría Europa de Este a Oeste con el ancho de Suiza y su orografía es muy similar al cañón del Colorado, con los mismos acantilados a pico y niveles aplanados. En otra parte de Marte se puede ver el contorno de un antiguo lago con una isla circular en medio y, no muy lejos del polo, una especie de cascada de un extraño tono azul.

Para intentar revelar el misterio de adonde fue el agua de Marte, desde hace muchos años, naves, sondas y robots exploran su suelo rojizo. Una de ellas, la Phoenix Lander aterrizó cerca del Polo Norte marciano que está cubierto de hielo, y un día le nevó, y otro las cámaras descubrieron un extraño rocío pegado a sus patas de metal.

En agosto de 2010, otra nave, la Opportunity, excavó un agujero con su taladro mecánico y extrajo agua del subsuelo en un lugar bautizado como Esperance 6. Envió su informe a la Tierra y la sorpresa fue mayúscula. Steve Squyres, uno de los jefes del proyecto declaró ese día a un grupo de periodistas: *"Este agua se podría beber. Este agua es muy favorable por su química y su pH, para cosas con química prebiótica, la que podría conducir al origen de la vida".*

Después de tantos hallazgos es seguro que, hace billones de años, en Marte hubo alguna vez atmósfera y un océano líquido del tamaño del Atlántico que un bien día se esfumó... pero, ¿dónde acabó aquella agua? Y si a La Tierra de vez en cuando llegan meteoritos marcianos ¿podría llegarnos su agua?

En otro planeta interior, Venus, también se sabe que hubo agua, pero con los quinientos grados centígrados de temperatura que hay ahora sobre la superficie, esta se evaporó y sólo quedaron unos cuantos charcos de óxido de deuterio, el agua pesada, la que se utiliza para construir las bombas atómicas. Mercurio es un planeta muerto y abrasado por el sol, sin embargo, como no tiene inclinación en una parte de los polos donde nunca da la luz del sol y hace una noche heladora, quedan pequeños neveros. Es el último resto de agua antes de que se escaldara por acercarse demasiado a la fuente de calor, pero es agua muy tenaz.

Y tal como les sucedió a los otros seis planetas a los que el agua invadió, también le sucedió a la Tierra, que entonces era una bola maciza de fuego, metales y rocas que giraba sin control. Pero aquí fue diferente: nuestro planeta orbitaba dentro de la Zona Habitable, una franja del Sistema donde luz, calor y gravedad son mucho más favorables. Y así, el agua que nos llegó logró alcanzar la corteza, penetró por los resquicios kilómetros de profundidad y allí se quedó, prisionera y esperando a que el pedrisco amainase. Pero aquello no amainó, sino más bien empeoró porque estuvo lloviendo rocas durante millones de años y además, hacia el final del periodo, Theia, un selenoide mediano que buscaba su lugar en el espacio, embistió a nuestro planeta y casi lo desmenuza.

El impacto fue tremendo, el peor que hemos sufrido en nuestra historia geológica pero lo que en un principio pareció ser una catástrofe con visos de apocalipsis resultó ser bendición. Sus núcleos de fuego se unieron acumulando energía. De la superficie se desprendió un gran trozo de corteza que luego formó la Luna. El eje de rotación se inclinó unos veinte grados creando las estaciones y el agua del interior emergió a la superficie formando los primeros mares, aunque entonces eran rojos por culpa de los minerales.

La inercia de la colisión duró millones de años y la Tierra se convirtió en un planeta giróvaro de órbita dubitativa con días que duran seis horas, vientos de ochocientos kilómetros hora y mareas de treinta metros de pleamar. Y mientras tanto, muy cerca, la recién nacida Luna, formada de piedras y agua, se alejaba lentamente llevando las pruebas consigo de que en un pasado remoto fue una parte de nosotros. Unas pruebas que hoy podemos ver expuestas en museos o instituciones porque las hemos traído de vuelta.

Llegaron a bordo de las bodegas de las naves Apollo, allá por los años setenta, y cuando el doctor Albert Saal y su equipo examinaron las rocas encontraron dentro de ellas un huésped muy familiar: agua. Así lo describe el doctor: *"El agua todavía está en las rocas que trajo el Apolo 17. Encontrarla fue difícil pero las muestras revelan que hay una fuente común en las partículas volátiles de la Tierra y de la Luna y quizás de todo el sistema solar. La explicación más simple es que el agua que estaba en la prototierra, sobrevivió al gran impacto, aunque no sabemos cómo, y la vemos ahora en la Luna".*

La Tierra y la Luna juntas salieron de la Gran Crisis con una alianza eterna. Y fue una buena influencia pues mientras la hija se iba alejando de su cuna original, la madre se fue calmando y rebajando su velocidad de rotación junto al viento y las mareas. Fue la Primera Calma, donde el clima se asentó y el agua de un muy primitivo mar fue tomando posiciones en los valles y bajíos. Era poca por entonces pero pronto llegarían refuerzos en cantidades oceánicas.

El cinturón de Kuiper es un anillo de cometas y asteroides que gira dentro de la Zona Helada. Allí hubo y hay todavía rosarios de rocas, hielo y agua que se mantienen estables por la inmensa gravedad de Júpiter y de Saturno. Pero hace unos cuatro billones de años, por causas desconocidas, una parte del anillo salió despedido hacia el centro barriendo en su trayectoria a las lunas y planetas que se cruzaron con ella. Fue el Bombardeo Tardío, la segunda oleada de escombros que llegó del exterior cuando la Tierra aún era casi una recién nacida sin forma de protegerse. A la Luna la agujereó por completo y a Marte, Venus y al nuestro los cubrió de cicatrices. Pero ¿eran rocas cargadas de hielo lo que atravesó el espacio? Supuesta y físicamente debería ser así pues a esa temperatura, cercana al cero absoluto, el agua debería ser sólida. Pero hace unos años nos cayó por Navidad una roca del cielo que, como el Roscón de Reyes, llevaba sorpresa dentro.

El 4 de enero de 2004 los habitantes de Villalbote de la Peña, un pueblo pequeño de la meseta castellana, a unos doscientos kilómetros al noroeste de Madrid, contemplaron entre aterrorizados y curiosos como un bólido de fuego se precipitaba en el centro de un trigal. Recogido, repartido por varias Universidades del mundo, y estudiado a fondo, se pudo extraer cierto tipo de información que casi nunca se consigue.

~ Masa original: setecientos cincuenta kilogramos.

~ Velocidad de entrada: sesenta y un mil kilómetros por hora, lo que hizo que se desintegrara al poco de tocar la atmósfera dejando muestras esparcidas en un área elíptica de cien kilómetros de largo.

~ Edad: cuarenta y ocho millones de años.

~ Procedencia: cinturón de Kuiper

~ Y composición: feldespato poroso conteniendo agua líquida o vapor de agua. La investigadora Kathryn Dyl, de la Universidad de Curtis en Australia, no salía de su asombro. *"Algo que no debería suceder por proceder de una región demasiado fría. Por ello este descubrimiento extiende nuestro conocimiento sobre qué hacía el agua cuando nuestro sistema solar se estaba formando".*

Phil Band, otro de los autores del estudio sugiere que: *"el meteorito surgió de una colisión en el cinturón de Kuiper entre otros dos más grandes y en estas colisiones se intercambian materiales. Esto nos puede ampliar el conocimiento sobre la formación de los cuerpos planetarios, el desplazamiento del agua hacia el centro del Sistema Solar y la formación de moléculas prebióticas, es decir, anteriores al origen de la vida en La Tierra".*

Hielo, vapor y agua líquida: es así como debió llegar todo el agua a nuestra casa. Ocurrió en dos oleadas, durante la acreción y el posterior bombardeo, y cuando ambas se unieron crearon tanta cantidad de agua que cubrió la superficie de la mayor parte de la Tierra. Pero, sumados los dos ataques, ¿hay manera de saber cuánta agua nos llegó?

En principio no porque no quedan testimonios pero podemos hacernos una idea aproximada comparándola con la cantidad de agua que tenemos hoy en día. Y es que la diferencia entre ambas no debe de ser muy grande porque el agua es prácticamente indestructible. Hidrógeno y oxígeno, los dos arcaicos amantes, aún conservan intacta la misma atracción que entonces y hay muy pocas fuerzas, natural o artificiales, que los puedan separar o hacer desaparecer. Nuestra agua vive en un ciclo eterno de trasformación y regeneración y por eso se supone que el volumen total no ha debido variar mucho. Esa astronómica cifra la podríamos averiguar con poco margen de error sumando el conjunto de las aguas actuales, aunque esta suma esté plagada de incógnitas y variables.

El volumen de todos los océanos + el volumen del hielo del Ártico y de la Antártida; + el volumen de todos los mantos de nieve, los circos y los glaciares; + los icebergs y los témpanos que vagan por la superficie; + la lluvia y la nieve que transportan las nubes; + la que se esconde mezclada con sedimentos marinos, fluviales y lacustres —los del lago Tanganika, tienen seis kilómetros de profundidad—; + la que guardamos dentro todos los seres vivos; + la que expulsan las chimeneas hidrotermales del fondo; + la que expulsan los volcanes en activo, + la más difícil de calcular de todas: la que hay alojada en la corteza terrestre. Porque al parecer hay mucha.

Los profesores Gary Egbert y Adam Shultz han analizado con una sonda sísmica gruesas capas de corteza en algunos lugares dispersos de EEUU y Canadá y han encontrado bolsas de extraña conductividad. Así lo describen: *"las ondas viajan por esas bolsas dando la misma frecuencia del agua o de algún líquido de similar composición. Eso nos lleva a especular con que es posible que haya mares enormes en la parte exterior del manto terrestre que contengan mucho más agua que todos los océanos actuales juntos".*

Grandes mares bajo tierra: ahí es donde convergen ciencia y literatura. Datos e imaginación. Cien años antes de que los dos profesores descubrieran o intuyesen los océanos sumergidos, un escritor de Amiens, Julio Verne, ya imaginó que existían. En su novela *Viaje al Centro de la Tierra*, el profesor Otto Lidenbrok, su sobrino Axel y el guía islandés Hans se adentran por túneles desconocidos hasta encontrar océanos subterráneos en los que viven muchos tipos de criaturas. ¿Serán los mares interiores de Verne los mismos que los de Egbert y Shultz? y ¿habrá vida ahí abajo? Algún día lo sabremos.

Con Tierra y Luna formadas, la órbita estabilizada, la rotación más pausada y una atmósfera incipiente, nuestro hogar se convirtió en un planeta de color azul zafiro y el agua comenzó un ciclo regenerador que aún funciona a día de hoy. Fue entonces cuando nacieron las nubes, la lluvia y la nieve, fenómenos que mantuvieron al agua, y aún lo siguen haciendo, en perpetuo movimiento. Un agua abundante, sana y joven que pronto se convirtió en un matraz de tamaño planetario en el que se desarrollaba una actividad febril. Un laboratorio enorme que no paró noche y día y cuyo primer trabajo fue... conocer a sus vecinos. Uno a uno y a conciencia. Número de electrones, número de protones, número de enlaces libres, peso atómico, magnetismo, densidad, calor, conductividad, punto de fusión, energía potencial... y así hasta conocerlos a todos y todas sus propiedades.

Con el paso de los siglos nuestra agua fue aprendiendo que el sodio es explosivo y el cloro corrosivo pero unidos forman sal; que el rubidio reacciona violentamente; el níquel conserva bien el calor; el potasio es inflamable; el antimonio es venenoso pero se disuelve bien; el radio se descompone, el fósforo es inestable, el hierro, el cobre y el estaño, se oxidan; el plutonio, muy volátil; el iodo, bactericida, el estroncio muy dañino; el osmio es el más pesado y el iridio va después; con el gas radón se mezcla; el cesio brilla en la oscuridad; el oro, la plata y el platino no se alteran con el agua y el magnesio es muy lento. Pero entre todos esos huéspedes había uno muy especial: el carbono, el más versátil de los cien y capaz de formar cadenas de mil formas y tamaños diferentes, desde la turba, que se deshace en la mano, hasta el diamante que es imposible romper. Un elemento ideal para hacer todo tipo de experimentos, como de hecho los hizo.

Pasaron eones tranquilos, de vez en cuando alterados por episodios violentos, mientras en aquel ya viejo laboratorio se seguían realizando billones de combinaciones y cada vez más complejas: anhídridos, óxidos, hidratos o carbonatos que variaban poco a poco la composición del agua. Un agua que, al parecer y a pesar de la distancia en el tiempo, era muy similar a la nuestra y de eso podemos estar seguros porque una mujer la ha probado.

Bárbara Sherwood realizaba una prospección geológica en una mina de oro en Ontario, Canadá, cuando en una galería situada a dos mil cuatrocientos metros de profundidad encontró un pequeño charco de agua fósil que brotaba de un discreto manantial. Eran unos dos litros por minuto de un líquido negruzco y de textura viscosa pero que al meterlo en una botella esterilizada se trasformó en un líquido ligero y transparente que al reaccionar con el aire adquirió un tono anaranjado. Ella lo contaba así: *"Es absolutamente demencial. Estábamos caminando sobre lo que era un antiguo océano de dos coma seis billones de años. Ahora tenemos que ver si hay más en otras partes de la Tierra"*.

Después, los análisis realizados en la Universidad de Manchester revelaron una edad de entre uno y medio y dos coma seis billones de años que corresponde a la época Precámbrica. Pero su experiencia no se detuvo ahí y Bárbara la cató: *"Sabe horrible. Más salada que el agua de mar"*.

De modo que, de ser pura y destilada, el agua pasó a ser una sustancia nutritiva y poderosa, el *medio vital* de Quintón, en cuyo interior se fraguaron todo tipo de sustancias. Y entre ellas la glicina, el primer aminoácido y el primer eslabón de la vida.

Tres mil millones de años después el químico Stanley Miller logró reproducir la fórmula en su laboratorio de Chicago. Para ello llenó un matraz artificial con las sustancias primigenias que poblaban nuestro mundo: metano, amoniaco, dióxido de carbono, hidrógeno, nitrógeno y agua, lo dejó cocer un tiempo y esto es lo que pasó: "$CO2 >>> CO + O$; $CH4 + 2O >>> CH2O+H20$; $CH4 + NH3 >>> HCN + 3H2 + CH2O >>> NH2 - CH2 - CN + H2O >>> NH20 -CH2 + 2H2O >>> NH3 + NH2 - CH2 - COOH$".

Un texto indescifrable para aquellos no iniciados, aunque se ve claramente que hay agua, H_2O, por todas partes. El primer paso estaba dado, ahora sólo era cuestión de tiempo y de seguir ensayando con miles de variantes. Y las encontraron todas. Veinticinco, treinta, cincuenta tipos de aminoácidos que iban flotando en el agua hasta que llegó el momento de dar el siguiente paso: engancharse unos con otros para formar proteínas. Y después el ADN. Y después la célula. Y después las algas que un día comenzaron a desprender un oxígeno que al cabo del tiempo se transformó en la atmósfera primaria. Y después...

Llegados a este punto es obligado comentar que hay mucha gente que cree que la vida no se originó en La Tierra sino que pudo llegar del espacio en forma de protobacterias u otros organismos primitivos. Yo comparto esa opinión porque con todo lo que cayó en el tiempo de acreción, hay muchas posibilidades de que en algún pedazo errante viajase algo parecido a un principio de la vida. Pero en el fondo ese debate no tiene mucha importancia porque fuere cual fuere el origen, lo que ocurrió después, complejidad y desarrollo, tuvo lugar en el agua. Al calor de las chimeneas submarinas o sobre la superficie templada, en el más largo embarazo que ha conocido el planeta, los compuestos se aliaron, las células se organizaron y se formaron los seres.

La evolución fue avanzando de forma lenta y segura hasta llegar a contar con millones de especies distintas. Una enorme cantidad que un buscador de agua encontró por casualidad un frío día de invierno bajo una fuerte nevada. Se llamaba Charles Walcott y era un paleontólogo de Nueva York que en 1909 andaba buscando fuentes de agua y estudiando la topografía de los alrededores del monte Robson en la Montañas Rocosas canadienses. Cabalgaba medio aterido de frío por un paraje conocido como Burguess Shale, un lugar que hace quinientos millones de años era una marisma somera, cuando su caballo se hizo daño y tuvo que echar pie a tierra. Al caballo lo curó pero lo que encontró al levantar una roca fue la primera evidencia de una enorme explosión de vida que ocurrió durante el Cámbrico. Tras aquel descubrimiento, el yacimiento se excavó de una manera exhaustiva durante los siguientes quince años y los paleontólogos lograron extraer muestras fosilizadas de más de cincuenta mil especies. Unas muestras que nos permiten saber cómo era la vida marina del Cámbrico y que, por suerte para todos, hoy podemos contemplar.

La escena está en una sala del Museo Field en Chicago, donde se proyectan imágenes virtuales sobre pantallas contiguas, simulando un acuario, de cómo era Burguess Shale en aquel tiempo lejano: un mar de criaturas extrañas. Plantas como los helechos, tortugas que parecen peces de caparazón rugoso, unas langostas erizo, gusanos que tienen pelo, calamares con colmillos, cactus submarinos, medusas sin tentáculos, formaciones de coral y un extraño animal que ha perdurado en el tiempo y aún lo podemos comer: el percebe.

Y mientras todo esto ocurría en las profundidades del mar, arriba, en los continentes móviles, otra variedad del agua, la dulce, mordía trozos de corteza y construía los ríos. Ríos que regaron valles, praderas y estepas listas para convertirse en lugares habitables y que mucho después se poblarían con otro tipo de vida totalmente diferente a la que poblaba el mar. Y así, con la salada del mar y la dulce de la tierra trabajando en armonía, el agua global del planeta se transformó para siempre en la fuente de la vida gracias a unas propiedades que la están volviendo eterna. ¿Cuáles son?

Las propiedades del agua

"Cualquiera podría imaginar que el agua es uno de los elementos mejor entendidos por la ciencia. Después de todo, es posiblemente la sustancia más estudiada de La Tierra y, sin embargo, muchas de sus propiedades todavía dejan perplejos a los científicos."
MIT Technological Review

"El agua es el líquido más misterioso de la creación."
Giorgio Piccardi. Físico italiano (1895-1972)

~ Es flexible. Es su propiedad estrella y la que la diferencia del resto de los elementos. Su adaptabilidad. Desde el vacío absoluto a la gravedad más dura. Con luz o en la oscuridad. Haga frío o calor, el agua sale adelante. ¿Por qué?, ¿a qué se debe tanta magia? Se cree que por sus enlaces que son libres y de goma. Cuando los dos átomos de hidrógeno se unen al de oxígeno dejan cuatro enlaces libres. Cuatro enlaces que se unen a otras gotas en la forma que ellos quieran, dependiendo del ambiente en que se encuentran. Si hace frío, se expanden. Si hace calor, se contraen. Si hay carga electromagnética, el agua la neutraliza, y así hasta el infinito. Se organiza en estructuras invulnerables a todo, se agrupa o se divide para volver a agruparse, se hace vapor o hielo, se vuelve líquida o sulfurosa hasta que llega a otro ambiente y recomienza el proceso.

~ Es ubicua. El agua está en todas partes. Desde el lugar más recóndito de una galaxia oculta en medio de la oscuridad, hasta en el oasis de Ticoloa, un pueblecito blanco en mitad del desierto de Atacama, el lugar más seco del planeta. En lunas, asteroides o planetas. En nebulosas y estrellas. En los polos y desiertos. Al principio y al final de la cadena del Tiempo, el agua siempre está presente.

Y ahora mismo también: en cualquier lugar del mundo nos está tocando el agua en forma de humedad. Nosotros no la notamos, pero si pasáramos unos días en ambiente humedad cero, la piel se acartonaría y, o bien habría que pasar el día cantando bajo la ducha, o bien vestirse con ropas muy amplias que cubrieran todo el cuerpo como hacen los tuaregs.

~ Es diversa. El agua tiene cientos de maneras de manifestarse. En forma líquida: dulce, salada, mineral, carbónica, sulfurosa, oxigenada, atomizada, pulverizada, freática, isotópica, alcalina, fósil, biofilm, espuma, dura, blanda, pesada, decenas de tipos de lluvia, en tornados y huracanes... En forma de vapor de agua: nimbos, cúmulos, cirros, estratos, niebla, bruma, camanchaca, dorondón, cola de cometa... Y en forma de hielo o de nieve, son los pueblos inuit del Ártico los que mejor la conocen y tienen más de ochenta términos para diferenciar los tipos. Estos son unos cuarenta: escarcha, cellisca, granizo, pedrisco, témpano, copo, aguanieve, nieve malteada, raspada, venteada, helada, en polvo, en costra, en manto, en capas, virgen, suelta, rosa, nata, fresca, crujiente, pisada, labrada, mojada, lavada, podrida, granulada, fundida, de maíz, de croqueta, de relleno, de pescadería, crema, ártica, primavera, en sopa, fina, sal, azúcar, mármol, dura, muy dura, blanda, muy blanda, húmeda, muy húmeda, seca, muy seca, con torrocos, con tormos, peleona, sucia...

Y quedan otras muchas formas que iremos descubriendo cuando regresen las naves ¿Cómo será el agua de Encélado?, ¿será hielo vaporizado? ¿Y la que cubre por entero Europa, la bella luna de Júpiter? ¿Será de un agua distinta?

~ Es libre. El agua campa a sus anchas. Ella llega donde quiere y se queda el tiempo que quiere. Un día llegó a La Tierra y como vino se irá. Y ni órdenes ni peticiones ni consejos variarán sus intenciones. Ella seguirá su rumbo sin que nada la detenga. Y como ser libre que es, trasmite su libertad. Las criaturas u organismos que nacen a partir de ella, heredan ese afán de libertad y movimiento que son dos de las cualidades que distinguen a los seres vivos una vez alcanzan su completa autonomía.

~ Es imparcial. El agua no entiende de sexo, raza o religión. Ni de ricos ni de pobres. Ni tan siquiera de especies. Ella hace su trabajo, que es suministrar combustible para que la vida siga. Para ella es lo mismo una seta que un canguro. Un depredador que una presa. Cada uno la utiliza como sabe y el que la aprovecha, crece y el que la malgasta o no sabe gestionarla, no. De una marisma apestosa y llena de paludismo surgió la República de Venecia, cuya capital es un homenaje al agua. Y primero con la sal y luego con el dominio del mar, se convirtió en pocos siglos en uno de los estados más ricos de toda Europa. En cambio, desde las Montañas de la Luna desciende la mejor agua de África y en grandes cantidades y sin embargo, los países aledaños, Burundi, Rwanda o la RD del Congo, pudiendo ser gigantescos productores de alimentos, se encuentran entre los más pobres del mundo. Entonces, con mucha agua y tierra fértil a total disposición, ¿qué hacen sus gobernantes? ¿a qué esperan para sacar a sus pueblos de esa situación precaria?

~ Es longeva. Una vez que los dos átomos de hidrógeno y el átomo de oxígeno deciden sellar su alianza, nazcan donde nazcan, no importa el lugar ni el tiempo, su unión será para siempre. La gota de agua que forman nunca envejecerá, sólo cambiará de aspecto según el ambiente en que viva. Así que el agua que bebemos hoy con todas sus propiedades puede que naciera hace billones de años en el quasar de nombre tan largo y ser la misma en la que tres eones más tarde se bañará un dinosaurio. El profesor Ted Bergin, un astrónomo americano que se dedica a la caza de agua estelar, les cuenta a sus alumnos *"El agua es antigua. Uno de los elementos más antiguos de La Tierra y la que hemos destruido o fabricado no representa casi nada en comparación con la masa total, así que en su inmensa mayoría aquella agua es la misma que bebemos hoy: el Agua Primordial"*. Y así despide a la clase: *"Muchas gracias por su atención y disfruten de un buen vaso de Agua Primordial"*.

Eres lo que bebes. La longevidad del agua es algo que se contagia. Lanjarón, en las faldas de las Alpujarras granadinas, es un pueblo de Andalucía donde emerge la mejor agua del país y ha sido reconocido por la Organización

Mundial de la Salud como uno de los lugares más longevos del planeta.

Pero jóvenes mueren allí comparado con los habitantes del valle de Vilcabamba, en el centro de Ecuador. Allí, durante decenios, médicos y gerontólogos han buscado el secreto de unos hombres y mujeres que a los cien años pasados andan cargando pesados fardos de leña y realizan caminatas por senderos de montaña que cansan a visitantes a quienes doblan la edad. La historia comenzó a mediados de los setenta del siglo pasado cuando Miguel Carpio, un campesino del pueblo, acudió al consultorio de un pueblo cercano por un problema en un ojo. Tenía setenta años y era la primera vez que iba al médico en su vida. Lo curaron y regresó a Vilcabamba donde murió, ¡cincuenta años más tarde!, pasados los ciento veinte, con doscientos veintisiete descendientes directos agrupados en cuatro generaciones. Y como Miguel, en aquel pueblo perdido había muchos centenarios así que hasta allí se trasladaron especialistas en longevidad de todas partes del mundo para oír la misma explicación: los vecinos de Vilcabamba dicen que beben mucha agua de unos manantiales donde surge un agua tan saludable que la llaman El Agua de Oro.

Y otra prueba más global: el país más longevo del mundo es Japón, en cuyos pueblos y aldeas es corriente ver gente de más de noventa años, fibrosa, delgada, ágil y con buenas dentaduras. ¿Será porque casi todos sus alimentos provienen de un medio acuático? Del mar: algas, moluscos y pescados; y de los ríos y manantiales, el agua dulce que toman y que irriga sus arrozales.

Eso ocurre en los humanos porque en el mundo animal, esa edad puede doblarse. Hasta doscientos años pueden vivir las ballenas de Groenlandia, y más de ciento cincuenta algunas tortugas gigantes que sólo salen a tierra para desovar en playas.

El agua no envejece nunca, pero entonces... ¿tampoco muere? El culto shinto de Japón lo afirma: que el agua es inmortal pero los geólogos lo dudan porque al menos una vez en la Historia, entre el Pérmico y el Triásico, en las Trampas Siberianas, estuvo a punto de morir. También se sabe que al agua la matan, entre otras cosas, los rayos ultravioleta y la electrolisis pero si logra evitarlos ¿tiene muerte natural?

~ No duerme. El agua no descansa nunca. Ni de noche ni de día. Ni en invierno ni en verano. Siempre está en actividad tanto en la naturaleza como dentro de los seres vivos. Por el corazón del árbol el agua fluye sin parar aliada con la savia. Cuando duermen las personas, sus sueños discurren por agua y el agua nutre sus cuerpos por un torrente sanguíneo que no deja de fluir al ritmo de un corazón rebosante de agua limpia.

Si llega el frío por la noche, el agua se convierte en hielo y cuando vuelve el calor, hace el camino inverso. Las mareas van y vienen no importa la hora que sea. Los manantiales no cesan. Los géiseres no se interrumpen. Una gota de humedad se transformará en rocío, luego en vapor de agua que viajará en una nube y después caerá como lluvia sobre cualquier continente donde buscará un arroyo por el que llegar al mar. El agua que engorda las verduras, las frutas y las hortalizas, que crecen de día y de noche, no para de trabajar. Y así siempre. Siete por veinticuatro. Siglo tras siglo. Milenio tras milenio. En un ciclo interminable donde no existe el descanso.

~ Es metódica. Y tiene un método infalible que le garantiza el éxito. Recorre, explora y encuentra. Coloniza cuerpos sólidos. Se adapta a sus circunstancias en forma de vapor, hielo o líquida. O una mezcla de las tres. O en formas que no conocemos. Sin dejar de estar alerta aprende sus mecanismos, estudia sus elementos, ensaya combinaciones y crea o extingue la vida dependiendo de las circunstancias. Ser o no ser. Y ya puede ser aquí, en el Sistema Solar o en una galaxia apartada, el método no varía y el resultado tampoco.

~ Es eficaz. Si sacásemos todo el agua visible que existe en nuestro planeta y la concentráramos en una esfera, el resultado sería una canica de agua de unos mil cuatrocientos kilómetros de diámetro. Sólo una décima parte del volumen de La Tierra o un tercio de la Luna. La escena vista desde Marte tendría visos de tragedia. Una lunita de agua, transparente, bailarina, como una perla flotante, proyectando su arco iris sobre una Tierra quieta, escaldada y sin vida. Como Mercurio.

Toda el agua conocida no representa más que el cero coma cuatro del volumen de la Tierra. Algo insignificante a primera vista pero con ese pequeño cero cuatro el agua controla el clima, el devenir de los bosques, la fertilidad del valle, la fuerza de los glaciares y la vida de las especies. ¿Hay algo más eficiente?

Sí, porque de esa imaginaria canica de agua, sólo el tres o cuatro por ciento es agua dulce. Ríos, lagos, hielos y nieves perpetuas formarían una esfera acuosa de unos cinco kilómetros de diámetro, la misma longitud que la avenida de los

Campos Elíseos en París. Parece poca pero es cantidad suficiente para dar de beber a todo el mundo animal incluyendo a los humanos.

Pero si es eficiente en la Tierra, lo es más en el espacio porque el agua ocupa menos del uno por ciento del total del Universo. Más del noventa por ciento es simple materia oscura, o sea nada, el resto el hidrógeno y helio y lo poco que queda agua. Es tan escasa allá afuera que es difícil encontrarla pero cuando está presente, la vida de ese sistema da un cambio radical.

~ Es productiva. Como el agua no descansa y siempre está trabajando, no para de producir. Produce energía, limpia el aire; absorbe impurezas; las filtra; distribuye el calor; forma las nubes; fabrica lluvia; calma la sed; alberga vida; da alimento; suministra humedad; horada las rocas; ensancha los ríos; perfila los continentes; busca nuevos territorios; ayuda a la salud general; se enfrenta a cualquier reto; encuentra soluciones; ensaya nuevos compuestos; hace acopio de hielo para disponer de reservas; y así hasta el infinito, en un ciclo productivo interminable que, mientras el planeta viva, nunca se detendrá.

~ Tiene memoria. Y de las tres clases: remota, cercana e inmediata, su memoria es infalible. Desde que los conoció, hace billones de años, el agua recuerda los datos del centenar del elementos que se ha encontrado en su largo viaje a través del Universo: estructura, composición, peso atómico o valencias: todo lo conoce el agua y cuando los vuelve a encontrar, sabe cómo responder. El agua guarda los datos como si tuviera escondida una grabadora eterna capaz de registrarlo todo y cuando lo quiere oír no tiene más que rebobinar y encontrar la información. Y después de los elementos básicos, vienen los complicados: las mezclas y combinaciones que se pueden realizar con tal gama de elementos, y a todos los recuerda y sabe cómo aplicarlos dependiendo del contexto.

Y es gracias a su memoria que hoy se cura mucha gente. En 1810, el doctor alemán Samuel Hahnemann, no sabía nada sobre las propiedades del agua porque no se conocían, sin embargo estaba seguro de que *"lo similar cura a los similar"* y que sólo dependía de la cantidad de remedio que había que suministrar. Para alcanzar esa cantidad idónea había que diluirlo una media de treinta veces seguidas en una dilución de agua del noventa y nueve por ciento. Al final el rastro del medicamento es casi inapreciable pero de alguna manera el agua recuerda las propiedades y las trasmite al paciente.

A esa nueva forma de curar el doctor Hahnemann le llamo homeopatía, una forma de medicina que hoy, doscientos años después, compran millones de personas en farmacias de los cinco continentes.

También la memoria del agua esconde secretos difíciles de resolver ¿Quién no ha tenido alguna vez esa extraña sensación de encontrarse en un lugar que ves por primera vez y que, sin embargo, te resulta familiar? *"Yo ya he estado antes aquí"*, exclamé al entrar en un callejón de Zagreb, la primera vez que visité la ciudad. No podía haberlo visto nunca pero reconocí el lugar apenas llegué a la entrada. ¿O quizás lo había soñado y llegó a transformarse en recuerdo? ¿O sería una gotita de agua de un antepasado mío que llevase aquella imagen impresa en su memoria y que de alguna manera llegó después hasta mí?

~ Es creativa. El agua encuentra soluciones y si no existen, las crea. Se inventó el estado líquido para poder crear la vida. Se inventó el hacerse hielo para cruzar extensiones donde todo se congela. Y cuando hubo que huir porque el calor arreciaba, entonces inventó el vapor. Son los tres estados del agua que nosotros conocemos, pero tendrá muchos más: Ahora se está descubriendo el estado superiónico, que nadie sabe cómo es ni como lo utilizará para sacarle provecho. Es lo que siempre ha estado haciendo: encontrar nuevos estados y ensayar combinaciones para poder enfrentarse a los retos que, día a día, le plantea el Universo.

~ Es única: En estructura, en versatilidad, en propiedades, en diversidad, en riqueza o adaptabilidad, el agua no es comparable a ningún otro elemento. Y, al parecer también es difícil de clonar. Fabricamos materiales capaces de ir al espacio; los avances en genética nos asombran cada día y la alimentación mejora y nos hace más longevos. Es lo mismo en otros campos: en medicina, nanotecnología, transporte, energías renovables o infraestructuras, se realizan progresos enormes. Y sin embargo todavía nadie ha conseguido fabricar agua artificial. Y mira que parece fácil. Un átomo de oxígeno y dos de hidrógeno. Se reúnen y ya está: agua. Se recicla, se depura, se enriquece, pero siempre es la misma agua. Una fábrica de agua: sería el sueño de países donde la falta de agua impide su desarrollo.

~ Y Una. El agua actúa como una unidad cerrada. Ella no conoce nombres ni sabores ni fronteras. Mar, nubes, lluvia y ríos que vuelven otra vez al mar, en un ciclo interminable donde todo se intercambia porque son la misma cosa. Los nombres y los colores se los ponemos nosotros para evitar perdernos en su inmensa inmensidad, pero al agua no le afecta porque ella es una sola.

~ Es gregaria. El agua siempre busca al agua. Prefiere moverse en bloque. Una gota moja la uña del dedo meñique mientras que un océano puede quebrar continentes. En el número reside su fuerza y lo suyo es formar ejércitos, grandes legiones de agua capaces de cruzar galaxias, cubrir planetas enteros o partir cañones de roca como si fueran de barro. El afluente va en busca de su río principal y los ríos regresan al mar buscando la fuerza del grupo. Cuanto más agua mejor. El agua se atrae a sí misma sin límite de cantidad y siempre se encontrará un hueco por si un día llega más.

~ Es lenta. El agua no tiene prisa. Ninguna prisa jamás. Siempre viaja a su ritmo y no le importa las edades que tenga que demorar para llegar a su punto de destino. Tres o cuatro eternidades puede tomarle un trayecto que empezó en una enana roja de la Galaxia NGC hasta llegar al río Amur, en el centro de Siberia. Su andar es inquebrantable; su tenacidad, a prueba de cualquier paciencia y de esa manera ha llegado hasta lugares que aún tardaremos siglos en descubrir. Y es por esa lentitud que las formas y el movimiento del agua se aprecian mejor vistos a cámara lenta.

~ Es viajera. Desde el inicio del Tiempo, no ha parado de viajar. El agua cubre distancias enormes sin mostrar agotamiento ni pararse a descansar. Se deja llevar por los vientos, por las ondas explosivas o los chorros de succión creados por los meteoros. Y no le afectan las calmas. Se detiene, quizás durante milenios y cuando llegan las brisas, vuelve a emprender la marcha. No importan las temperaturas ni que haya obstáculos grandes: el agua los sorteará y seguirá su camino. Desde Sirio a Betelguese. Desde El Caballo hasta el Sol. Desde Orión a La Tierra.

Y aviso para constructores: al agua no le gusta que la detengan. Su reacción es furibunda y hará cualquier cosa para seguir su camino, entre otras muchas, matar. El agua estancada se alía con lo peor del terreno y hace que todo se pudra y aquel que la ha detenido lo pagara con su vida o con la de sus vecinos. Después el agua huirá, por el cielo o el subsuelo. Se infiltrará por la roca, se limpiará de impurezas y volverá a surgir un día, fresca, limpia y cristalina.

Hay una enseñanza zen que cuenta el maestro al alumno " *El agua sólo se mantiene viva si fluye. Tú sólo permanecerás vivo y libre si te marchas. Si te quedas a mi lado morirás contaminado*". Es un consejo oriental, un consejo que alguien, hace poco tiempo en China, decidió no tomar en cuenta con consecuencias fatales.

El cinco de agosto de 1975 empezó a llover en la cabecera del río Huai, en Hunan, en el sureste de China. Más abajo se había construido la represa de Banquiao, que según las autoridades *"era una presa de hierro que podría resistir mil años de inundaciones"*. Pero sólo duró dieciocho. Aquel día el tremendo chaparrón duró doce horas completas. Al día siguiente, dieciséis y al otro, trece más. En total: cuarenta y una horas lloviendo de tal manera que un mundo de aguas furiosas se juntó tras un muro de cemento de treinta pisos de altura que no resistió el embate. A medianoche del día ocho, la represa colapsó y el agua liberada se precipitó hacia el valle a catorce metros por segundo y unos seis metros de altura.

—¡Que viene el dragón del agua!!!! —gritó una anciana de la ciudad de Huaibin, que desapareció entera. Esa noche se ahogaron ciento setenta mil personas, algunas sin que les diera ni tiempo a levantarse de la cama. A la mañana siguiente once millones se encontraron con que lo habían perdido todo. Pero ese mismo día, después de arrasar veintinueve municipios y derribar sesenta presas auxiliares, el agua siguió su viaje imperturbable hacia el mar.

Por eso si todas las presas del mundo resisten es gracias a sus compuertas. Cuando se supera el límite si no las abrieran, ni la más alta de todas podrá detener nunca el empuje de unas aguas que quieren seguir camino.

~ Es exploradora. El agua no deja un lugar físico del universo sin echarle una ojeada. Sea un globo de gas, una luna de diamante o una bola de metano flotando en la inmensidad o perdida para siempre. Sea un poro de nuestra piel, una abertura en un árbol o la piedra más recóndita, hasta allí llegará el agua. Y si encuentra la manera, también lo colonizará. Bárbara Sherwood la ha encontrado a kilómetro y medio debajo de Canadá, pero si sigue excavando, y no a dos, si no a cincuenta, también allí la encontrará.

~ Es colonizadora. Allá donde llega el agua, en cuanto pueda, se queda. Y no es muy exigente. Le dan lo mismo cuerpos celestes ardientes, como un Mercurio que quema, un Neptuno congelado, un trozo de hierro viajando a match dieciséis o un cuerpo errante muerto. Allá donde el agua encuentre un terreno favorable plantará su carpa y se dispondrá a esperar. Quizás no tenga futuro porque el frío se lo impida y se quedará inmóvil durante eones de tiempo. Puede que tenga que huir porque el calor la expulse pero si encuentra aliados, como le ocurrió en La Tierra, al cabo de miles de siglos, conseguirá dominarla.

~ Es valiente. El agua no se arredra ni ante nada ni ante nadie. Le da igual lo que pueda haber delante. Si tiene un resquicio entrará y escrutará su estructura hasta el mínimo detalle. Forma y composición. Fortalezas y debilidades. Opciones de vida y de muerte. Y después del veredicto tomará su decisión: quedarse o continuar

~ Es prudente. El agua no entra en combates que nunca podrá ganar. No se acerca a las estrellas que están en plena fusión, evita los campos de rayos dañinos, las bolas de gases podridos, o el volcán en erupción. La prudencia dice no y el agua siempre encontrará mejores oportunidades.

~ Y tenaz. Si quiere llegar, llegará. Haya nubes de gases en medio. Superficies impermeables. Focos de calor intenso. O huracanes en su contra, si el agua busca el otro lado, al final, encontrará su camino. Y así, por delante o por detrás, en línea recta o zigzag, por atajos o desvíos, ha llegado a todas partes y nunca ceja en su empeño.

~ Es resistente. Muy resistente. Desde el frío de Neptuno, hasta el calor de Mercurio. Desde la acidez del lago Wai Mangu en Nueva Zelanda que tiene pH 1, como el estómago humano donde todo se deshace, hasta la extrema sequedad del desierto de Atacama, el agua se adapta y resiste.

~ Es drástica. Y si apuras, tiránica. O estás con ella o te mueres. Porque si caes dentro de la categoría de humano, animal o vegetal no tienes otra escapatoria. O te pones al lado del agua, de la que dependes siempre, o se te acaba la vida. Nadie se declara en huelga de sed. Demasiado inmediato. Demasiado despiadado. Entre que se entera la prensa de las reivindicaciones y acude a ver el sufrimiento uno ya tiene lesiones irreparables o está al borde del colapso. El agua impone las condiciones porque, aunque un día pudimos alejarnos físicamente de ella, ella nunca cortó el cordón umbilical y sigue nutriendo a sus hijos. Es como una antigua diosa con millones de pezones donde todos los seres vivos tenemos que amamantar.

~ Y posesiva: El agua no deja independizarse a quienes nacieron de ella así que, si quieren seguir viviendo, nadie puede prescindir. Unos mucho más que otros: en este punto de la evolución, el vertebrado terrestre que puede pasar más tiempo alejado del contacto con el agua es el camello. Casi un mes sin beber puede resistir esta cisterna del desierto, que tampoco es un gran record. En cambio, nosotros, los seres humanos, siete días como máximo.

Pablo Valencia era un muchacho mejicano que, buscando una vida mejor, cruzó la frontera del Norte. Pero fue un viaje sin suerte y al cabo de dos días se perdió en el desierto de Nuevo Méjico, en el que permaneció siete días sin beber ni una sola gota de agua. Lo rescataron a tiempo y así contó su agonía. *"La saliva se espesa y al cabo de un tiempo parece formarse un nudo en la garganta. La lengua se hincha hasta tal punto que dificulta la respiración y genera una angustiosa*

sensación de estar ahogándose. Parece que te va a estallar la cara
debido a la tirantez de la piel. La piel se te pone gris púrpura y
como llena de arañazos, los párpados se agrietan y los ojos em-
piezan a secretar lágrimas de sangre".

Así es de posesiva el agua: con ella, vives, sin ella, no. Y
no hay término medio.

~ Es guerrera: El agua no cede nunca. Es la fuerza más
grande que existe en nuestro planeta y si tiene que ocupar un
nuevo pedazo de tierra o buscar un nuevo atajo hacia el mar,
se llevará por delante a todo lo que se interponga. Bosques,
diques, dunas, ciudades enteras con todos sus habitantes
caerán ante su implacable empuje. Mil, diez mil, o cien mil
años puede tardar en hacerlo pero aquellos que no le abran
paso o le busquen otro camino, tienen su suerte sellada.

~ Y algunas veces mortal: En situaciones extremas, el
agua no tiene amigos. Ni en la tierra, ni en el mar. Si se
derriten los polos, tendrá que anegar nuevas tierras y
destrozar las cosechas. Si bajan las temperaturas, el hielo lo
cubrirá todo y helará las carreteras, detendrá ferrocarriles,
bloqueará los aeropuertos y nadie podrá desplazarse. Si se
seca la sabana, el agua se evaporará y los ríos y lagunas
parecerán cementerios. Si se desbocan los vientos, habrá
lluvia huracanada que inundará las ciudades. Y habrá millones de víctimas. Ya sea humanos o animales. Ya sea árboles o
plantas: quien tenga que caer, caerá. Pueblos enteros de costa
quedarán bajo las aguas con miles de humanos dentro.
Pero es peor cuando falta: en el sahel africano millones
de personas contemplan la retirada del agua con impotencia
total pues está en juego su vida y la de su sociedad. Los

rebaños y cosechas. Todo desaparecerá cuando la última gota de agua se haga vapor y se vaya. Y como no hace prisioneros, el que no se va, perece.

~ Es mensajera. La energía del planeta proviene del calor del sol pero es el agua quien la distribuye y hace que todo prospere. Eso ya lo descubrió Leonardo da Vinci, hombre estudioso del agua, que en su libro *Del muoto e la misura dell'acqua*: escribe *"L'acqua é il veícolo de la natura"*. El agua es el vehículo de la naturaleza. Desde el cerebro a los pies. De la raíz a las copas o desde el cerro a los valles, el agua trasmite el mensaje de las cosas que hay que hacer. Regular temperatura. Transportar los sedimentos. Distribuir los nutrientes. Hacer que crezcan los árboles. Hacer madurar la simiente. Hidratarse..., todo corre por el agua y además, más rápido que por la tierra y el aire.

~ Es transgresora. Las leyes que rigen nuestro entorno no están hechas para el agua. Ella tiene las suyas propias. Los cuerpos materiales tienden a concentrarse cuando llega el frío glacial. Ella no: ella aumenta su volumen. En nuestro planeta, todos estamos sujetos a la dictadura de la gravedad. Ella no, ella sube por el tronco de una sequoia, desde la raíz a la copa, a más de cien metros de altura, sin que nadie comprenda qué energía la impulsa hacia arriba. O se escapa hacia el espacio, sin que nada se lo impida. La única que puede escapar. También se salta las leyes en la forma del arco iris. Debería ser esférico pero sólo es una línea que tiene siete colores y que no acaba nunca. Si la luz incide por igual sobre el vapor de agua ¿por qué sólo se ilumina un tramo?

Para llegar de A a B, el agua camina en zigzag, como el

rey del ajedrez, y recorre menos distancia. Ella sabe que hay atajos y es por eso que el agua nunca avanza en línea recta. Es como si supiera que siguiendo una corriente lineal adquiriría tal velocidad que arrastraría todo lo que encontrase a su paso. Y eso no lo quiere hacer. Por eso los ríos avanzan serpenteando, las costas son irregulares y no existen ríos rectos, ni lagos ni mares cuadrados.

El agua hace cosas extrañas, a nivel del mar hierve a cien grados, pero en la cima del Everest hierve a sesenta y ocho. Treinta y dos de diferencia. Y es capaz de atomizarse hasta el punto de hacerse aún más pequeña que un virus. Ellos se quedan allí, en los filtros de las más sofisticadas depuradoras del mundo mientras el agua sí pasa.

Pero, para transgresora de verdad, la lluvia. Una gota grande de agua cayendo desde tres kilómetros de altura a una velocidad de aceleración acumulada, debería ser capaz de atravesarnos el cráneo y dejarnos fulminados. Según las leyes normales, a esa velocidad debería adquirir una forma puntiaguda para penetrar mejor el aire y conservar el empuje. Pero el agua no lo hace. Según se va acercando al suelo, su vientre se va aplanando hasta adquirir una forma de paracaídas y, en vez de agujerear el paisaje, aterriza con más o menos impulso, pero sin romper el mundo.

~ Es misteriosa. El agua esconde secretos que no quiere revelar: su anómala densidad, su eterna juventud, porqué la señal de radar pasa a través del hielo, o las decenas de experimentos con agua que la gente cuelga en Youtube y nadie logra explicar. Y el misterio de sus cifras: tres átomos y dos elementos. Dos y tres. Par impar al mismo tiempo ¿Será una especie de clave numérica? 2012 y 2013 han sido años de agua pero ¿cómo lo averiguaron aquellos astrólogos chinos si no conocían el átomo ni existía el microscopio? Dos tercios del cuerpo humano está compuesto de agua; dos tercios de nuestro planeta está ocupado por agua y dos tercios de la humanidad se alimenta con arroz, que es un cereal de agua.

Todas las gotas de agua cristalizan en dibujos diferentes de hexágonos o de estrellas de seis puntas, que es múltiplo de dos y tres. También de hexágonos enlazados de forma tridimensional se compone la Flor de la Vida, el modelo que representa la energía toroidal, la que fluye por el cosmos. Aún no sabemos mucho de este tipo de energía pero su símbolo está dibujado en los antiguos templos egipcios, viejos pueblos de Turquía y Creta, en la entrada de la Ciudad Prohibida en Pekín, en palacios tibetanos e incluso en los círculos de las cosechas, *crop circles*, que aparecen como por arte de magia en los campos de cultivos por todo el norte de Europa. Dibujos hexagonales, como cristales de hielo, que nadie acierta a interpretar.

Y otros dos misterios más: Johan Grander es un campesino austriaco, sin estudios, sin diplomas, pero con gran intuición. Hombre de origen humilde luce un bigote tirolés que le puebla las mejillas y viste pantalones bávaros, pero el gobierno de Austria y la Academia Rusa de Ciencias Naturales lo han condecorado por su servicio a la ciencia. Su gran descubrimiento: el agua revitalizada, algo que desafía todas las leyes de la física. Sin químicos ni aditivos, la unidad de activación de Grander ocupa lo mismo que una caja de zapatos y se coloca en la tubería de suministro como si fuera un by-pass. Lo que hay dentro de esa caja es un misterio pero aquellos que la utilizan saben que no es una estafa. Como los usuarios de muchas piscinas austriacas que no tienen que soportar la incomodidad del cloro porque la Unidad de Activación mantiene el agua limpia sin tener que añadir nada. Y varias panaderías utilizan la Unidad para hacer un pan más esponjoso y que se mantiene fresco más tiempo.

—Y el café sabe mejor cuando se añade ese agua —dice un trabajador.

También se utiliza en la fabricación de fibras sintéticas y en otras empresas, pero aún con tantas evidencias de su buen funcionamiento, nadie logra explicar lo que ocurre en la Unidad. Se han realizado experimentos en varios laboratorios pero ninguno se pone de acuerdo porque mientras uno dice que se produce un descenso muy notable de la tensión superficial, otro asegura que el agua se reorganiza para captar mejor la luz solar. De una manera o de otra, ni el mismo Grander lo comprende y por ello trata de explicarlo a su manera. *"Yo nunca he estudiado así que siempre observo las cosas. El magnetismo atrae la energía y la pasa al agua. El agua es inteligente. Es inmensa..."*

Y segundo misterio del agua. En los laboratorios de todos los hospitales rusos hay una pequeña máquina que, según el estado actual de la ciencia no podría existir. Su inventor es Vitol Vakjil y la máquina es capaz de limpiar las impurezas y las bacterias del agua, en cuestión de segúndos... ¡sin utilizar ni un solo aditivo químico! La máquina, del tamaño de una pesa de baño, consta de pequeños tubos de titanio y membranas de cerámica. El agua pasa a través y, de alguna manera incompresible, se activa y se traga todas las impurezas sin dejar rastro de ellas, incluso las partículas más pequeñas de los metales pesados. Lo que ocurre ahí desafía el conocimiento científico y así lo reconoce el mismo Vakjil: *"La verdad es que no podemos explicar que ocurre exactamente. No lo sabemos. Lo único cierto es que es una buena solución para la sanidad. Disponemos de muchos estudios e informes que corroboran que esta solución es buena, pero ¿por qué? Eso es un misterio incluso para los grandes científicos".*

Números, Grander, Vakjil..., dos ejemplos de los enigmas del agua, pero hay cientos de enigmas más que no sabemos resolver aunque hay gente que lo intenta. Vladimir Voeikov es un biólogo ruso que encara el problema con modestia y sencillez: *"Ya hemos dado un gran paso adelante. Ahora ya hemos comprendido que no sabemos casi nada sobre el agua y eso ya es un gran paso".*

~ Es sensible. Muy sensible. Y no sólo al frío y calor con los que controla el clima: también a los terremotos, a los cambios de presión; a la calidad del aire; a las fases de la luna; a las emociones, a la música, a la oración, a la salud y la medicina; al trato que recibe y a cualquier objeto extraño que quiera contaminarla. El agua siente las cosas y responde de manera adecuada a cada estímulo concreto y según la situación.

~ Facilita la vida. De cinco extinciones masivas, cinco, ha sido testigo el agua y de todas se recuperó y salió incluso más sana y fortalecida. Después de cada extinción el agua se volvió a poblar de plantas y de animales. Una vez con moluscos y tortugas. Otra vez con grandes saurios. El Sarcocuchus, un cocodrilo que vivió tras la extinción del Cretácico, pesaba ocho toneladas y medía veinte metros. Y el Shinosaurus del Triásico, llegó a las treinta toneladas. Y después de la última gran extinción, la que acabó con todos los dinosaurios, del agua ha surgido toda la vida marina actual, incluyendo las ballenas o el sargazo.

~ Es sanadora. ¿Qué hacen los enfermeros nada más llega un paciente con una dolencia grave? Le enganchan a la botella de suero, un suero fisiológico que es más del noventa por ciento agua. Y ¿qué hace un deportista cuando sufre un golpe duro? Aplicar hielo al instante. Y ¿qué hacemos nosotros cuando tenemos los pies cansados o hinchados? Los ponemos en remojo en agua templada con sal. Las picaduras de las medusas se limpian con agua de mar y después el dolor, con hielo. O ¿quién puede ser la culpable de que salgamos de la ducha matinal con las ideas más claras y las pilas recargadas?, ¿será la energía del agua que se cuela por los poros de la piel? Las matronas aconsejan a las mujeres lactantes beber un buen vaso de agua antes de cada toma, porque al parecer, la leche sale más fluida, algo que el bebé agradece.

El agua es remedio inmediato. Pero también tratamiento. En cualquier restaurante de India que siga la regla ayurveda, el agua de mesa siempre la sirven templada y mezclada con sustancias que refuerzan su bondad pero no alteran el sabor. Y otras formas: las termas y los balnearios; el jacuzzi y el spa, son ejemplos de las múltiples maneras que tiene el agua de curar el cuerpo o la mente humanas.

~ Es placentera. Bañarse en un mar en calma en un atardecer rojizo de nubes arreboladas y luego beberse un mojito con mucho hielo picado. Contemplar una cascada. Ver nadar a los delfines. Relajarse en la bañera. Sentarse a escribir un *guasap* en el borde de una fuente escuchando el borboteo. Las fiestas en la piscina. Regar las plantas de noche. Ver los círculos de la lluvia al chocar contra el asfalto. Zambullirse en un riachuelo. Hacer rafting. Deslizarse sobre una nieve en polvo por un bosque silencioso entre árboles nevados. Perder el tiempo a lo grande viendo dibujar las nubes. Hacer el amor en el mar. Oír repiquetear la lluvia en un tejado de zinc... Hay mil facetas del agua que producen bienestar.

Y respecto a las tres propiedades que estudiábamos en la escuela: incolora, inodora e insípida, sólo se dan cuando es agua destilada, agua pura, que no existe en la naturaleza. La otra, la que todos conocemos, bebemos y usamos todos los días, tiene color, olor y sabor como decía Leonardo da Vinci *"...Piglia ogni odore, colore e sapore..."*

En el Lago Rosa en Senegal, todo es rosa: las algas, las artemias, los flamencos y también el agua, que se suma a la paleta. El agua del Golfo de Ancud en un día soleado de la primavera austral, es tan negra y opaca como una teja de pizarra. El lago Natrón en Kenia cambia entero de color según la estación del año. Las rojas aguas del río Tinto, que nace en el sur España, van cargadas de zinc, cadmio, azufre, arsénico y cobre que trasmiten su color. Allí la vida está tan prohibida como en el ríos de Marte. Y lo mismo le sucede al mar Rojo, al río Amarillo o al Báltico. Sus nombres no son inventados sino que hacen honor al propio color de sus aguas.

Es cierto que pura y en pequeña cantidad, parece que es transparente, pero "el transparente" también es otro color como demostró Velázquez en su cuadro *El Aguador de Sevilla*. El agua que contiene el vaso que está sirviendo el muchacho salió de su genial paleta.

Respecto a la ausencia de olor, quizás ocurra entre los seres humanos que ya hemos perdido mucho del sentido del olfato. Pero antes lo tuvimos. Los monos encuentran las fuentes de agua rastreando la humedad que siempre flota en el ambiente y en un pasado remoto nosotros fuimos primates. Probablemente los neandertales todavía eran capaces de oler el agua a lo lejos. Pero nosotros ya no. En cambio los animales si pueden. Un elefante es capaz de oler el agua a diez kilómetros. Leones, gacelas, jirafas se encuentran en las pozas más remotas en mitad de una sequía. Y un perro es capaz de distinguir entre un agua buena y otra peor sólo con husmear en los cuencos.

Y respecto a que es insípida, negar el sabor al agua es negar su mejor propiedad: es exquisita. Existen sumillers de agua, concursos de catas de agua y tiendas que venden aguas donde afirman sin dudar que tiene gusto, regusto y si apuras, retrogusto. Y de eso puedo dar fe porque he ido bebiendo el agua allá por donde viajaba y cada una es distinta. Estas son las cinco mejores que he probado en mi vida y las notas que tomé durante cada experiencia:

Una: el agua del lago Baikal. *"(...) En muchas casas de Mitsovolo, un pequeño pueblo en la orilla oriental del Baikal, no hay agua corriente. El agua la extraen del lago con motor a diez metros de profundidad, la traen en camiones cisterna y la trasvasan a bidones de metal que la gente tiene dentro de las casas. Metí el cazo en el bidón y la bebí a sorbos cortos. Nunca probé nada igual. Fue aquella mañana de otoño cuando descubrí la magia que esconde el agua y quise saber sus secretos. Todas las sales y minerales que necesita tu cuerpo están el agua del Baikal y en la proporción correcta. Es tan fina y exquisita que apenas la has bebido, la sientes viajar por las venas, llegar a los capilares y reparar, uno por uno, los tejidos de tu cuerpo. Me di una ducha con cazo a plena luz del día y sentí sobre la piel como si llevara puesto un escudo de porcelana invisible de salud y bienestar que duraba todo el día".*

Dos: el agua de villa O'Higgins. *"Es el último pueblito de la Décima Región de Aysén en Patagonia chilena y desde sus casas se ven los contrafuertes oscuros del Campo de Hielo Sur. (...) Sólo por beber un vaso del agua de Villa O'Higgins vale la pena el mes y medio de viaje para llegar hasta allá. No es como la del Baikal, pero se le acerca mucho. Nueve y medio sobre diez. Sólo con ver el chorro firme, acerado y compacto que sale helado de la llave, ya te apetece beberla. Sale tan fría y tan pura que cuando llenas el vaso, sin que se formen burbujas, éste se empaña al instante y torna el vidrio translúcido. Al rato, cuando se aclara, pones el vaso al trasluz y parece estar vacío. Después llega el turno de la cata. Como un reserva especial: a sorbos cortos e intensos. Ahí notas enseguida como el mineral disuelto y el hielo de los glaciares inunda la boca entera y hace explotar de golpe las papilas gustativas llenándolas de frescor. Luego despierta un paladar dormido, limpia el esófago y por fin, se expande por todo el cuerpo, engrasa articulaciones, alimenta cada célula y te llena de energía".*

Tres: El agua de Voss en Noruega. Voss es un pueblo encrucijada, que señala el paso hacia los fiordos viniendo desde la capital. Su agua se vendía en todas las tiendas del mundo como artículo de lujo hasta que un escándalo de chiste hizo aflorar la verdad: vendían el agua del grifo que sale pura y muy rica. Estuve allí varias veces: *"(...) como en Voss nunca hay problema de agua inauguraba los días haciendo ejercicios de tai-chi durante quince minutos bajo la cascada de agua fina y de cristal que era la ducha del hotel. Tenía una alcachofa enorme y salía como una lluvia de alfileres calentitos y afilados que ametrallaban la piel dejándola hidratada y tersa, y el pelo limpio y sedoso utilizando tan sólo un gota de champú. Después del hidromasaje, emergía de aquel baño neblinoso como envuelto en una sábana de muselina y con una frescura de piel que duraba todo el día. Eso lo complementaba con un par de vasos de agua fría, trasparente y rica que bebía después de desayunar, que es como echar al organismo gasolina super plus".*

Cuatro: el agua de un glaciar patagónico: El Ventisquero Colgante, en el Parque Nacional Queulat, es una masa de hielo de color azul brillante y cien metros de espesor encajonada entre dos montes en V y literalmente colgando sobre una cortada a pico. Eso todo lo que queda de un gigantesco glaciar que hace menos de dos siglos llegaba hasta la orilla del mar. Y se sigue derritiendo porque mirando a su izquierda, una cola de caballo de trescientos metros de altura forma un arco de espuma blanca que se desploma y se estrella sobre la Laguna Témpanos, donde ya no quedan témpanos.

"(..)Rodeamos la laguna, de aguas turbias color jade, llegamos a un pequeño embarcadero y saqué el botellín. Imposible no probar un agua con diez mil años de solera. Una reserva especial de fines de Pleistoceno y una prueba definitiva de que el agua es inmortal: tenía más de cien siglos y aún era rica y potable. Lo llené hasta arriba, bebí unos tragos despacio pero estaba tan helada que era difícil tragar. La sentí gorda, turbia, con cuerpo, y con un fondo de sabor rocoso que se pegó al paladar durante el resto del día. Después rellené el botellín que todavía me duró dos días y lo llevé en la mochila como quien lleva un tesoro".

Y cinco: el agua de los Balcanes. De las mejores de Europa. *"(..) El monasterio de San Juan Bigorsky, al oeste de Macedonia, casi frontera con Albania, fue construido en el siglo X, y en su entrada hay una pared con tres caños de acero oscuro por los que emergen unos chorros de agua macizos que parecen de cristal. Caen, con un sonido musical, en una cubeta alargada donde la gente la toma. Un agua que llega directa del corazón del Balkán y emerge con toda la fuerza de la montaña: fuerte, uniforme y fría. Paladeada a sorbos cortos, manteniéndola en la boca, es como beber granito en estado natural y adquirir de inmediato todas sus propiedades".*

Única, eficaz, longeva, sanadora, incansable, sabrosa..., son algunas de las propiedades del agua, pero aún tiene muchas más: receptiva, intuitiva, artística, lúdica, superconductora, mutable, serena, discreta y en muchas culturas, divina.

Las creencias del agua

"Me paso mucho tiempo contemplando como es el agua."
Teresa de Jesús. Mística. s. XVI

Habla el chamán cherokee: *"La tierra es una gran isla flotando sobre La Gran Agua y suspendida por los cuatro puntos cardinales por cuatro cordeles que caen de la bóveda celeste que está hecha de roca. Cuando el mundo envejezca, se romperán los cordeles, todos los cherokees morirán, la tierra se hundirá en el océano y todo volverá a ser agua como al principio del mundo. De esto tienen miedo los cherokees".*

También los lakota, vecinos de los cherokee, cuentan historias antiguas donde hay monstruos de agua: *"Hace mucho tiempo, verdaderamente mucho tiempo, cuando el mundo estaba recién hecho, Unkheti, el monstruo del agua luchó con los hombres y causó una gran inundación. Quizás, el Gran Espíritu, Wakan Tanka, dejó que Unkheti venciera para hacer mejores seres humanos. Cuando toda la tierra se hundió, la sangre de toda la gente se convirtió en Piedra Roja. Pero Tunkshila, el Espíritu Anciano, castigó a Inkheti por causar la inundación y sus huesos están ahora en las Tierras Malas, las Badlands. Su columna vertebral forma una larga cordillera y puedes ver sus vertebras clavadas en las rocas rojas, blancas y amarillas. Yo las he visto. Me dio miedo caminar por las montañas porque sentí a Unkheti moviéndose bajo mis pies, como queriendo echarse encima mía".*

Este es el relato de un chamán lakota, los primeros que llegaron a las tierras de la actual Dakota del Norte y del Sur. Para ellos las Badlands es territorio tabú, pero no para los científicos de la universidad estatal que llevan años estudiándolas. Y allí, en el corazón de aquellas tierras tan malas han encontrado fósiles de un antiguo océano que existió en la región en el período Cretácico, hace setenta millones de años. Los fósiles encontrados en las Colinas del Zorro incluyen amonites, nautilos, serpientes marinas, peces y tortugas.

Setenta millones de años. Cuando todavía el sapiens ni siquiera era un lémur. Entonces, si allí no hubo ningún testigo ni nadie que pudiera verlo, ¿de dónde lo aprendió el chamán?, si su tribu había llegado a Dakota hace cuatro o cinco mil años y no sabían geología y menos distinguir un fósil. ¿Cómo supo que era un mar? ¿Serían los sueños de agua vistos en sus trances místicos?

Más al norte, desde Groenlandia al Yukón, los inuit también hablan de viejos mundos de agua. *"Al principio de los tiempos el mundo era solamente una vasta inmensidad de agua. Hasta que un día empezaron a caer piedras y cayeron tantas piedras y durante tanto tiempo que dieron lugar a la tierra, donde mucho tiempo después nacieron todos los inuit".*

Y esto cuentan los apaches de los desiertos de California y Nuevo Méjico: *"Al principio, aquí donde el mundo está ahora no había nada, excepto Oscuridad, Agua y Ciclón. No había tierra ni gente viviendo y sólo existían los Hactin. El Creador del mundo, el Hactin Negro extendió la mano y una gota de lluvia cayó en la palma. La mezcló con tierra y la convirtió en barro..."*

Son viejas historias contadas por las gentes que poblaban toda América del Norte, historias que según viajaban hacia el sur se volvieron texto escrito. En las selvas del Yucatán, los mayas crearon una civilización moderna y organizada con códigos de escritura. Y su libro sagrado: el Popol Vuh, explica el origen del maya. *"Esta es la primera relación de como todo estaba en suspenso, todo en calma, en silencio, todo inmóvil, callado y vacía la extensión del cielo. No había todavía un hombre, ni un animal, pájaros, peces, cangrejos, árboles piedras, cuevas, barrancas, hierbas ni bosques. No había nada que estuviera en pie: sólo el agua en reposo, el mar apacible, solo y tranquilo. No había nada dotado de existencia".*

Más al sur del mar Caribe, en la Sierra Nevada de Santa Marta, los koguis también relatan: *"Primero estaba el mar. Todo estaba oscuro. No había sol, ni luna ni gente ni animales ni plantas. El mar estaba en todas partes. El mar era la Madre, la Madre no era la gente, ni nada, ni cosa alguna. La madre era espíritu de lo que iba a venir y ella era pensamiento y memoria".*

Sus vecinos uwa en Cocuy también hablan de una mujer poderosa: *"Baukara del medio húmedo, de los lagos de las tierras altas, está pensando. Ella piensa en los mundos de abajo, de en medio y de arriba. ¿Cómo hará para ubicar el mundo del agua, el mundo abuelo? Baukara se levanta. Ella pone los lagos desde el Oeste hasta el Este. Ella pone el alma. De estos lagos del mundo de en medio, nacerán después de la media noche, las plantas, los árboles y los animales..."*

En la Amazonía, tierra de ríos y lluvia, para la tribu tamanaco, Amalivaca fue el creador de la humanidad y del río Orinoco. Y para los indios pemón, la madre de todas las aguas que da origen a las lluvias vive en la cima de la montaña Roraima, un lugar que sólo ellos son capaces de alcanzar.

Para los indios tehuelches, habitantes del sur de la Patagonia: *"En un principio sólo existían dos cosas: Kóoch, que siempre estuvo, y una oscuridad absoluta que no dejaba que las cosas existiesen. Tanto tiempo pasó Kóoch en medio de las sombras y su soledad era tan grande que empezó a llorar de pena. Y lloró tanto y tan sinceramente por su profundo dolor que sus lágrimas formaron el Arrok, el Mar Amargo de las tormentas y las tristezas. Más tarde, aún en medio de tanta pena, Kóoch pudo advertir como crecía la enorme cantidad de agua que había llorado y entonces suspiró. Así creo a Xóchem, el viento, que inmediatamente comenzó a correr arrastrando las tinieblas y preparando el camino para la llegada de la luz. Así fue como todo se iluminó y nació la alegría en Kóoch. Entonces tuvo ganas de seguir creando los restantes elementos que le permitieron luego modelar el mundo en el que finalmente vivirían los tehuelches".*

Que América de Norte a Sur tenga un relato similar acerca de la creación puede ser muy comprensible ya que, según todas las teorías, las etnias americanas descienden de uno o varios grupos que entraron en el continente por el estrecho de Bering y bajaron hacia el Sur. Pero ¿qué hay del resto del mundo? Americanos y europeos escindieron sus raíces unos cien mil años antes y aun así, en algunos lugares de Europa también se recuerda el agua como el origen de todo.

El *Kalévalla* son las sagas finlandesas. Una serie de historias recopiladas a finales del siglo XVIII por un amante de la etnografía a partir de los relatos de los más ancianos de Karelia, la punta norte de Europa. El *Kalévalla* lo componen cincuenta y seis runas o capítulos que comienzan con el origen de todo:

"Existió una vez una hermosa virgen Luonnotar, hija de Ilma. Vivía desde hacía mucho tiempo en las vastas regiones del aire. Pero un día Luonnotar comenzó a sentir hastío de las horas, a fatigarse de su virginidad estéril y de su existencia triste. Y descendió de las altas esferas y se lanzó en la plenitud del mar, sobre la grupa blanca de las olas. Entonces el mar se agitó en oleajes y la virgen fue arrastrada por la tempestad flotando de onda en onda sobre las crestas coronadas de espuma. Y el viento salobre vino a acariciar su regazo y el mar la fecundó..."

Después de muchos avatares durante el embarazo, del vientre de Luonnotar nació Wainamoinen y con él comenzaron las sagas que dieron lugar a los hombres.

También en Asia Menor y en África Oriental las tradiciones orales se trasmitían de padres a hijos, pero cuando los egipcios inventaron la escritura, aquellas viejas historias habladas se transformaron en textos. Uno de los primeros jeroglíficos escritos sobre pasta de papiro, una planta que sólo crece en el agua, se refería al origen de su mundo. *"En un principio era Nun, las aguas caóticas que ocupaban todo el universo, que era un lugar oscuro y no tenía superficie. El Nun rodeaba la tierra y su poder era tan grande que hizo crecer un huevo del que luego nació Ra, el padre de todos los dioses. Él fue quien creó el Sol, la lluvia y el viento y para que los egipcios recordasen para siempre el gran poder de Nun, Ra creó después el Nilo".* El faraón era la reencarnación de Ra y el responsable humano que sus aguas anegasen la fértil tierra de Egipto.

Se dice que la tradición egipcia llegó hasta Mesopotamia donde se escribió sobre tablillas de barro con caracteres cuneiformes el primer libro sagrado que se conoce en la Historia. El *Enuma Elish* acadio comienza: *"En los tiempos en que tanto los cielos y las tierras estaban aún sin formar tan sólo existía Apsu, las aguas dulces y Taimat, las aguas saladas primigenias. Los dos eran un único cuerpo y una única alma. Tuvieron muchos hijos que aún tuvieron más hijos y así los dioses fueron llenando las aguas"*

El panteón acadio estaba inspirado en el panteón sumerio. Sin embargo la tradición sumeria habla de seres extraños: los Oannes, llamados Señores del Agua. Según esa tradición aquellos seres surgieron del fondo del mar, tenían cabeza humana y cuerpo de pez, y fueron quienes enseñaron a los sumerios el arte de la escritura, la agricultura y como fabricar sus armas.

Un relato bien extraño que, sin embargo, se repite en el oeste de África, a ocho mil kilómetros de Súmer, lugar que nunca alcanzaron. Allí vive el pueblo dogón, un pueblo que no conoce la escritura ni sabe nada de astrofísica pero que posee un relato inexplicable. Fue a mediados de los años treinta del siglo pasado, cuando Marcel Griaule, un antropólogo francés, tuvo noticias de sus leyendas y se quedó tan extrañado que se marchó a investigar.

Los dogón viven en el sur de Mali, en el acantilado de Bandiagara, una falla de doscientos kilómetros de largo en la orilla del sahel. Según una antigua tradición oral que transmite el *Ogón, el* guardian de las palabras, todos sus conocimientos llegaron con los Hummos, los Maestros del Agua, unos seres provenientes de la luna Emme, en la constelación de Sirio. Así lo cuenta el *ogón "Hace mucho tiempo, unas criaturas anfibias vinieron a la Tierra, los hummos. Tenían cuerpo humano y cola de pez y vivían en lo lagos, pero era muy peligroso molestarlas porque comían seres humanos. Estas criaturas eran los Guías del Universo, padres del género humano. Eran sabios y enseñaron a los elegidos todos sus conocimientos".*

Lo más sorprendente es que los iniciados dogón conocían perfectamente el sistema estelar de Sirio, sus órbitas y alteraciones. Antes de que fueran localizadas por radiotelescopios y fotografías, ellos ya conocían la existencia de Sirio B, un planeta que orbita alrededor de su estrella. También conocen cuatro lunas de Júpiter; los anillos de Saturno, imposibles de ver a simple vista; que la Vía Láctea tiene forma de espiral y que la Luna está muerta. Según los Maestros de Agua todos los dogón viven en la cuarta Tierra, diferente de la Tercera y la Quinta. ¿Se está refiriendo a planetas habitados en galaxias muy lejanas? ¿Habrá cuatro Tierras más?

En otras culturas iletradas africanas también aparece el agua en los relatos orales. El mito de la creación de la etnia kuba de Centroafrica cuenta que *"En el principio, Mbombo estaba solo y la oscuridad y el agua cubría toda la tierra. Sucedió que un día Mbombo tuvo un fuerte dolor de estómago y entonces vomitó el sol la luna y las estrellas".* Más hacia el sur, los zulúes creen que Unkulunkulu, la divinidad suprema, creó a la sombra de un junco en la ciénaga de Uhlanga, que es donde nació después toda la humanidad.

En todas partes del planeta las tradiciones hablan de un agua primigenia como el principio de todo. Mitos sobre la creación los hay de todas las formas: del fuego, de la Tierra, del aire, del Sol y las estrellas, pero las culturas que comprarten el viejo relato del agua como el origen de todo y que están dispersas por el mundo aisladas unas de otras y viviendo en épocas diferentes ¿cómo se comunicaron? ¿Habrá un relato inicial? o ¿es un relato olvidado que llevamos escrito en los genes y que sólo algunas personas con dones muy especiales son capaces de leer?

Con el transcurso del tiempo aquellos mitos y creencias fueron evolucionando hacia sistemas estables de dioses y panteones. Cada cultura o civilización antigua construyó los suyos propios y con los ritos, las ofrendas y los sacrificios —algunos de ellos sangrientos— pretendieron aplacar las fuerzas naturales y ponerlas de su lado.

Hay miles de diosas del agua. Desde Alaska a Zululandia. Desde Siberia al Caribe, cada tribu, cada pueblo, cada imperio, se encomienda a sus bondades para poder progresar. Cada río, lago, mar o lluvia tiene una protectora. Los hindúes tienen muchas: Ganga es la principal y se representa como una hermosa muchacha vestida con elegancia y sentada sobre una flor de loto que navega sobre el Ganges, que es el río protector y da la inmortalidad. Otra diosa muy querida, con festividades propias, es Lacksmi, nacida en el mar, patrona de la riqueza y la abundancia y que se representa con cabeza de elefante, el animal más sagrado. Y el nombre de Saraswati, la diosa del conocimiento, el aprendizaje y las artes, significa *"la que posee los lagos y los estanques"* o *"la que fluye"*.

También el panteón griego está lleno de diosas y semidiosas: ninfas, nereidas, sirenas y ondinas pululaban por el Monte Olimpo no lejos del trono de Zeus, que era muy mujeriego. Y una de las veneradas, Afrodita, diosa de la belleza y la abundancia, nació de la espuma del mar frente a las costas de Chipre.

En otras partes del Mediterráneo, los pescadores y la gente de la mar también buscan protección de vírgenes bienhechoras. En los puertos españoles los dieciséis de julio se festeja la Virgen del Carmen, y en Italia la Madonna delle

Neve trasmite tranquilidad cuando salen a la mar.

En la cultura celta, la diosa Deva era venerada por encima de otras deidades porque de ella emanaba la vida, la purificación, la salud y el amor. Según esa tradición, el agua de las tinajas que servía para beber se bendecía haciendo una cruz sobre ella y diciendo este conjuro: *"A las fuerzas que gobiernan y rigen las entrañas de los mares y los ríos pedimos que extienda su mano para que consagren esta criatura de agua para que, quienes se acerquen a beber de ella consigan la salud del cuerpo y la defensa del alma..."*

Los sumerios adoraban a Nammu, diosa de los océanos que cabalga sobre una serpiente, y a su hija Kininhursag, diosa de la vida y la fertilidad. En Egipto, Satet, que era la madre del Nilo, se asocia a la caza y la fecundidad y en los bajorrelieves de los templos aparece con una o varias jarras donde purifica el agua. Para los aztecas, Chalchiutlicue, esposa del dios Tlaloc, simboliza el corazón humano, era protectora de los niños y presidió el Cuarto Sol.

Anahita en la religión parsi es la diosa de las aguas vivas y viajaba por el mundo en un carro arrastrado por el viento, la nube, la lluvia y la escarcha y se le invocaba para lograr la fertilidad y felicidad. Vellamo, para los antiguos habitantes del norte de Escandinavia, era la diosa del mar, de los lagos y los ríos y, aunque apenas hay representaciones, los hombres la llevaban cincelada en el escudo. Arnemetia para los Britanios; Yahi para los cananitas; Matsu para los chinos; y a los inuit del Ártico les protege y cuida Sedna, que es la Madre del Mar.

Diosas que han protegido a los pueblos a través de las edades y que en los tiempos actuales han caído en el olvido. Pero Yemanyá no.

Originaria de la costa oeste africana, su nombre original *Yeyé~emo~ya*, significa en lengua yoruba "Madre cuyos hijos son como peces" y es la reina del amor por excelencia, quien domina la creatividad y la que reina en el mar con su gran misericordia. Yemanyá viajó en los barcos esclavistas a América, donde todavía se la venera como diosa de las profundidades del mar y como fuente de vida. Hoy en Cuba, Haití o Brasil, los ritos a Yemanyá forman parte de lo cotidiano. Cada nuevo año en Brasil la gente desciende a la playa y deja linternas flotantes sobre la superficie del mar para que Yemanyá les proteja.

Diosas protectoras, maternales y fecundas que cuidan de la raza humana, y no como sus consortes que tienen fama de pendencieros, mujeriegos e irascibles.

El más conocido de todos es el griego Poseidón, hermano del mismo Zeus que armado de un tridente, montado sobre una concha tirada por cuatro caballos y con gesto cejijunto bajo su poblada barba, parecía estar siempre dispuesto a batirse con cualquiera. Con fama de colérico, a pesar de estar casado con la nereida Anfítrite, siempre andaba buscando mujeres y tuvo mil aventuras. Aminone, Alope y Demeter fueron tres de sus amantes; a Medusa la violó naciendo de ella Pegaso, que era un caballo alado; y con Clito tuvo diez hijos que fueron reyes de la Atlántida.

Neptuno, el dios romano, heredó sus cualidades: el tridente para provocar tormentas y un carro tirado por cuatro delfines sobre el que surcaba los mares. En India, Indra, es el rey de los semidioses, su arma es el relámpago y su montura un elefante de muchas cabezas por cuyas trompas hace descargar la lluvia. En China eran los dragones quienes dominaban las aguas y cada pueblo tenía su templo dedicado a un dragón local.

En América, Tlaloc era uno de los más temidos. Llevando un rayo en su mano y anteojos de serpiente era el único responsable de las lluvias, sequías e inundaciones. Por ello, cinco de las veinte mayores celebraciones del calendario azteca estaban dedicadas exclusivamente a él y en algunas, para aplacar su ira, sacrificaban chamacos. Y no muy lejos de allí, en la península del Yucatán, los mayas adoraban a Chaac, dios de la lluvia que también portaba un rayo aunque no era tan violento.

Los guerreros más valientes o los jefes más autoritarios se mostraban temerosos ante la presencia de cualquiera de los dioses que podían provocar la ruina de sus reinos con sólo agitar el mar. Pero había un pueblo entre todos que sí los desafiaba: los polinesios. Desde Nueva Zelanda a Hawai, aquel pueblo marinero adoraba y temía a Tangaroa, pues de él dependían la pesca, las brisas y las tormentas. Tangaroa, Señor del Caos, respira una vez al día y provoca las mareas. Es desobediente, colérico y padre de la raza humana que, en un principio fue pez hasta que un día decidió salir a tierra. Por eso a Tangaroa siempre se le representa en los bustos esculpidos con ojos y boca de pez y un falo exagerado que le cuelga entre las piernas.

Desde que se separaron, los polinesios viven en constante enfrentamiento con su dios y, para demostrar que no le temen, le desafiaban, y aún lo hacen, cabalgándolo sobre una tabla. Desde el rey hasta el más humilde de los súbditos, la práctica de cabalgar sobre las olas era un rito muy serio. Se llama el *he'enalu* y lo llevaban a cabo los chamanes hawaianos quienes, antes de entrar en el mar, hacían ceremonias en honor de Tangaroa y de Namaka, otra deidad de las aguas.

Y después de las ofrendas comenzaba el enfrentamiento con olas de diez, de quince metros de altura, sin aparatos, sin armas. Uno solo contra el mar. Así cuentan la experiencia algunos surfistas de hoy: *"Cabalgar sobre una ola es como flotar en el aire. Puede sentir la fuerza da la naturaleza en las olas que cabalgas. Puedes cortar las olas y montarlas sin esfuerzo. A veces se curva sobre ti y puedes ir a su interior. Es algo espiritual que te acerca al medio en que fuimos hechos..."* Y otro deportista dice: *"Es una sensación de ligereza, de que tu cuerpo no pesa cuando estas sobre la ola, sintiendo el aire, oyendo romper la ola mientras la espuma te rodea de frescura. Uno se siente como parte del océano y que estas caminando sobre la cima del mundo. Es una mezcla simultanea de libertad, creatividad y aventura".*

Dioses y diosas que podemos ver con nuestros ojos en fuentes, plazas y estatuas de muchas ciudades del mundo. Ahí siguen, a diario entre nosotros, como si fuera imposible prescindir unos de otros. Son aquellos mismos dioses que un buen día se enfadaron con los hombres y decidieron castigarles anegándolos con agua: El Diluvio Universal. Una leyenda global narrada en más de quinientos pueblos y en otros tantos idiomas.

La epopeya de Gilgamesh, héroe sumerio y protagonista de la primera novela de aventuras que ha dado la literatura, discurre en tiempos del Diluvio y dice así: *"... Utnapishtim, el Lejano, le dijo a él, a Gilgamesh —Te revelaré Gilgamesh una materia oscura y el secreto de los dioses. Cuando sus corazones impulsaron a suscitar el diluvio (...) Los dioses Anunnaki lloran con ella, están sentados y lloran. Seis días y seis noches. Al llegar al séptimo día la tormenta del sur transportadora del diluvio amainó en la batalla. El mar se aquietó. La tempestad se apaciguó y el diluvio cesó".*

Puede que el Antiguo Testamento se inspirara en la leyenda porque según el relato bíblico, Dios le dijo a Noé en Génesis 6:17 *"Y he aquí que yo traigo un diluvio de agua sobre la tierra para destruir toda carne en que haya espíritu de vida debajo del cielo. Todo lo que hay en la tierra morirá".*

En Grecia, una fábula nos cuenta: *"Al determinar Zeus, en la Edad del Cobre, destruir el mundo, encargó a Deucalión, hijo de Prometeo, construir un barco (...) Zeus envió una copiosa lluvia que inundó casi toda Grecia y lo destruyó todo".*

Y Zoroastro escribe en su libro: *"Y los dioses celebraron una asamblea, en la cual Ahura Mazda resolvió que al invierno sucediese un gran diluvio..."*

En la cultura yokut, que ocupaba la actual California, el relato es parecido: *"Hace mucho tiempo, sobre la tierra se abatió una gran Inundación y mientras la Tierra estuvo cubierta de agua, no hubo criaturas vivientes. Entonces un día del cielo apareció un gran águila llevando un cuervo negro a su espalda..."*

Los ojiwa de Minnessota cuentan que: *"hubo un tiempo en que los humanos discutían entre ellos incluso en el seno de las familias. Discutían tanto que Manitú, el Creador, decidió realizar una purificación por medio del agua. El agua llegó, anegó toda la tierra y cogió a toda la gente desprevenida. Tan sólo unas parejas lograron sobrevivir"*

Los mayas dicen: *"Se oyó un gran ruido en el cielo y cayó una pesada lluvia noche y día. Los hombres trataron de trepar a las casas pero las casas quedaron sumergidas. El Cielo se cayó. La tierra seca se hundió y en un momento terminó la gran aniquilación".*

Y los mapuches, los célebres araucanos que nunca se sometieron a la conquista española, cuentan esto *"Se dice que cuando Caicai despertó de su sueño a causa del desagradecimiento*

*que tuvieron los hombres por todo lo dado por el mar, Caicai se
enfureció y usó su cola en forma de pescado para golpear el agua.
Con ello inició un gran cataclismo que empezó a inundar y crear
un diluvio en todo el territorio, ya que tenía el deseo de castigar al
ser humano y de incorporar toda la vida terrestre a sus dominios.
Caicai ordenó a las aguas que inundaran los valles y cerros y que se
llevasen a todos los habitantes al fondo del mar"*

Los antiguos lo explicaron con todo tipo de historias pero los geólogos actuales, que interpretan los estratos, saben a
ciencia cierta que aquel Diluvio existió. En la primera Edad
del Agua, en el principio del Cámbrico, llovió tanto y
durante miles de años que casi no quedó ninguna tierra
emergida. Luego quizás hubo más, pero sean las que sean, ni
el ser humano, ni tan siquiera su predecesor primate pudieron ser testigos porque aún faltaban quinientos millones de
años para hacer su aparición. Entonces ¿cómo lo supieron
todos? y ¿por qué sólo Diluvios?

Extraña y muy selectiva parece nuestra memoria ancestral porque en ella sólo permanece el agua. Ni rastro de otros
relatos que hablen de un Incendio Universal, un Terremoto
Universal o una Erupción Universal. Y eso que debió haber
muchos. Cuando las selvas vírgenes cubrían países y continentes, habría incendios devastadores capaces de arrasar
naciones. Pero no quedan registros. Y terremotos devastadores como los ocurridos en los últimos cien años en Chile,
Japón o Indonesia con cientos de miles de muertos y millones de damnificados siempre han sacudido el planeta. Pero
nadie los recuerda.

Ni tampoco se recuerdan erupciones gigantescas aunque nosotros sabemos que al menos hubo una que casi acaba
con nuestros antepasados. Fue hace unos setenta y cinco mil

años, cuando la erupción del supervolcán Toba, en el norte de Sumatra, causó un invierno nuclear que pudo durar varios años y puso a la raza humana al borde de la extinción. Según las pruebas genéticas la población quedó reducida a unas diez mil parejas reproductoras, de las que venimos todos y que debieron luchar como nunca para salir adelante. Pero tampoco hay memoria cantada, hablada o escrita. Sólo relatos de agua de un subconsciente común.

Pequeñas y grandes culturas que fueron construyendo mitos que luego se transformaron en culto y después en religión. En la actualidad hay cinco mayoritarias: hinduismo, cristianismo, budismo, judaísmo e islam. Y en las cinco, el agua es protagonista de ritos y ceremonias que tienen como único fin establecer un contacto entre el creador y el creyente.

Cristianismo y judaísmo comparten Viejo Testamento, un libro que comienza con los primeros versículos del Génesis: "2 *Y el Espíritu de Dios iba y venía sobre la superficie de las aguas. 3 Y Dios dijo: que exista el firmamento en medio de las aguas y que las separe. 4 Y así sucedió: Dios hizo el firmamento y separó las aguas que están abajo de las aguas que están arriba"*.

Fieles marcados con agua: los sacerdotes cristianos dan la bienvenida a cada nuevo creyente bautizándolo con agua. Unos creyentes que, cuando entran en los templos, se hacen una cruz en la frente con gotas de agua bendita, la misma con que bendicen sus monumentos, inauguran terminales o protegen sus mascotas. Y también es agua bendecida la que usan los exorcistas para expulsar los demonios que atacan a las personas y así lo explica la Iglesia: "*Con la aspersión de agua bendita, vista como símbolo de purificación en el bautismo, el vejado se siente defendido de las insidias del demonio. Se puede bendecir el agua junto con la mezcla de sal antes del rito o durante el mismo rito antes de la aspersión, según sea oportuno".*

En otro culto, el judaísmo, el agua es muy importante. Lavarse en el agua viva —de lluvia o de manantial— en la ceremonia del *mikvah,* una forma de baño sagrado, es un rito obligatorio para aquellos que tratan de acceder a Yavéh.

Y otro libro sagrado: el Corán, guía de los musulmanes, hace alusiones al agua. La aleya 30 del Libro de los Profetas relata *"Y sacamos del agua a todo ser viviente".* Y la aleya 54 del Libro del Estatuto, dice: *"Él es quien ha creado del agua un ser humano, haciendo de él el parentesco por consanguinidad o por afinidad. Tu Señor es Omnipotente".*

Aquellos que practican el Islam, da igual el sexo, color de piel o nación, antes de la oración se dirigen al patio de la mezquita, *el sahn,* donde se encuentra *el sabil,* la fuente de las abluciones. En ella se lavan los antebrazos, las manos, los pies y la cara para entrar libres de pecado y allí es donde se saludan, comentan acontecimientos y preparan el espíritu a su encuentro con Alláh, con el murmullo del agua como música de fondo.

En otra religión, el budismo, el mundo se originó en el agua. *"En un principio sólo era el Gran Vacío, del que emergió el Dorje Gaytram, el cetro del doble rayo. El Dorje Gaytram creó las nubes, las cuales, a su vez, crearon la lluvia. Esta cayó durante eones hasta formar el océano primigenio, el Gyatso. Luego quedó todo en calma, tranquilo, silencioso, límpido como un espejo".*

Según la tradición, Buda nació a orillas de lago Mana Sharowar, al pie del Monte Kailash, que es el hogar de Visnhú. En ese lago, situado al pie de los Himalayas, nacen cuatro de los siete ríos sagrados del hinduismo: Indo, Ganges, Bramanputra y Sutlej y aquel que se baña en sus aguas se le perdonan sus faltas. Allí fue donde la reina Maya dio a luz a su hijo y lo sumergió en sus aguas para que el niño adquiera los mismos poderes que ellas. Buda, *Aquel que Despertó a la Verdad*, predicó por toda India enseñanzas como esta: *"La mente universal es como un océano, con la superficie ondulada y alterada por las olas, pero en su profundidad permanece inalterable"*.

El saber universal. Como el del Dalai Lama, el jefe espiritual del budismo tibetano y que en ese idioma significa *Océano de Sabiduría* pues no hay nada más grande y más sabio. Tenzin Gyatso, el actual Dalai Lama, el XIV, habla así a sus seguidores *"Nuestras vidas dependen del agua y tenemos la responsabilidad de cuidarla"*. En los templos tibetanos, a Buda se le representa sentado sobre una flor de loto que es una planta de agua y un símbolo de pureza e iluminación. Y cuando uno ingresa en el templo, también incluyendo sus monjes, vierte un poco de agua de la tetera en la entrada y se la aplica en la cara.

Pero si existe una religión en la que el agua es sagrada, esa es el hinduismo. Y no es extraña la creencia porque en una nación superpoblada y de carácter rural, los ríos y los monzones son de vital importancia para su supervivencia. Y por eso los veneran en la vida y en la muerte. Ya en sus primeros textos sagrados, *Los Vedas*, escritos hace tres milenos, se habla de mitos y ritos. El primer libro, *Rigveda*, describe como empezó.

En el principio la oscuridad escondía la oscuridad.
Todo era agua indiferenciada.
No había muerte ni inmortalidad entonces.

(...)
Oh Dioses. cuando estabais en el agua
unidos por las manos
surgió de vosotros, como danzantes,
un remolino de rocío
(...)
En mitad del agua, el Señor vigila
la verdad y la mentira de los hombres

Según el Rigveda el mundo se originó a partir de un Océano Lácteo del que surgieron tres seres: Brahma, el hacedor, Shiva el destructor y Visnhú, el conservador. Shiva nació en el océano del ombligo de Visnhú y tuvo una hija, Ganja, la diosa del Gran Río con la que un día discutió. Y para quitarle el poder dividió ese Gran Río en los siete ríos sagrados.

La limpieza personal y la ofrenda matinal con un cubo y una esponja, *la puja*, es un rito obligatorio. Y así como los musulmanes han de peregrinar al menos una vez en su vida a La Meca, así los hindúes han de bañarse al menos una vez en la vida en las aguas sagradas del Ganges.

También, para cumplir con unos ritos ancestrales, los hindúes se reúnen, una vez cada doce años en la *Kumbha Mella*, la Gran Reunión de la Vasija. Es la fiesta más multitudinaria que se celebra en La Tierra y está dedicada al agua. Cuenta el sagrado Rigveda que hubo una lucha divina entre dioses y demonios por poseer el *amrita*: el agua de la inmortalidad. Y que en mitad del gran combate se derramaron cuatro gotas que cayeron sobre cuatro lugares a lo largo del río Ganges que es donde se celebran, de manera alternativa, todas las kumbamellas desde hace dos milenos. El penúltimo en 2001 y el último en 2013

El domingo 10 de febrero de 2013, primer día de la luna nueva, en la última Kumbamella, llegaron a Allahabad veinte millones de hindúes para celebrar el rito. En esa ciudad convergen el Ganges y el Yamuna, dos de los siete ríos sagrados y, a lo largo de los cincuenta y cinco días que dura la festividad, se calcula que pasaron por allí cien millones de personas. Las imágenes impresionan: muchedumbres nunca vistas bajo una eterna neblina de polvo; miles de *shaddus* desnudos cubiertos de ceniza de la cabeza a los pies y empapados en hashish; filas interminables de gente que cubren los siete puentes sobre el río de una forma tan compacta que no logra verse el asfalto; procesiones de mujeres vestidas con saris resplandecientes; y orquestas errantes rodeadas de danzantes.

Y todo ello moviéndose en un caos organizado, yendo y viniendo del río con su vasija en la mano y recitando el viejo mantra de siempre *"Larga vida al Ganges"*. No lejos de las orillas la muchedumbre se baña y bebe de su agua pura, algo que atemoriza al no creyente porque se dice que estos dos ríos figuran entre los más contaminados de India. Pero un *shadu* lo explica de manera muy sencilla *"El agua del Ganges es pura. No importa lo que se le haga. Nunca se vuelve impura"*.

Esto sucede en la vida pero también en la muerte. Cuando se acerca el momento supremo los hindúes quieren morir en las orillas del Ganges, en la Ciudad de la Luz: Varanasi. Con el rito del *aarti*, al difunto se le pone en los labios un poco de agua sagrada y luego se esparce por la sábana que le cubre todo el cuerpo. Después se le incinera en los *ghat*, la tribuna escalonada que hay en la orilla del río, y una parte de las cenizas se deposita en la orilla para que el río las lleve. Y es que las aguas del Ganges son las únicas capaces de detener la Rueda de la Reencarnación, *la samsara*, y conducir el alma del fallecido al pórtico del Nirvana, la Felicidad Final.

Y no sólo es en las grandes: también en otras religiones minoritarias se establece un culto al agua. En el viejo Zoroastrismo, del que son descendientes hoy día los parsis de Irán e India, el agua es tan sagrada que se considera sacrílego escupir, hacer sus necesidades o contaminar los ríos y las lagunas. Tampoco se pueden arrojar a ellos los cuerpos de los difuntos porque los contaminarían.

Y en el libro más sagrado de otra religión de India, que tiene más de veinte millones de seguidores, la sij, también se venera al agua. Es el *Guru Granth Sahib*, el *Libro Sabio que Acompaña*, donde dice cosas como: "*El aire es el Guru, el agua el padre, y la madre tierra, la madre de todos (..) Si uno se lava en agua pura, se limpia (...) Mientras más agua, mas es el regocijo y el cuerpo y la mente alcanzan la paz*".

El libro original, encuadernado en oro y puesto sobre paños de algodón y seda, se guarda en el Templo Dorado, un edificio que está justo en la mitad de un lago de aguas espejeantes que trasmite serenidad. Sus paredes de oro y mármol se reflejan en el agua creando un palacio etéreo como copia del real. El lago Amritsar, que significa, *estanque de néctar* se alimenta por un manantial subterráneo que siempre lo mantiene limpio y da nombre a la ciudad. Los peregrinos se bañan en sus blancos escalones y después entran al templo por una pasarela blanca, la única forma de acceso. Agua protegiendo un templo y todo lo que contiene. Un agua y unos creyentes que detuvieron el ataque de uno de los ejércitos más poderosos del globo, el indio, que trató de asaltarlo en mayo de 1988. No pudieron. Las balas de los defensores junto al Estanque de Néctar les impidieron el paso y al final se retiraron.

Algo debe de tener el agua cuando la nombran divina porque alcanzar ese status está al alcance de muy pocos. Sin grandes protagonismos y de manera discreta el agua ha conseguido ser venerada y respetada por toda clase de culturas y desde tiempos remotos. Ya sea por amor o por temor, o por ambos a la vez, creencias y religiones han sabido comprender que tratar con cariño al agua nos puede hacer mucho bien. Es ella, en el bautismo cristiano, en el aseo en la mezquita o bañándose en el Ganges, la que nos libra del mal, la que nos limpia y purifica de lo que unos llaman pecado y otros suciedad espiritual. Por ello, y para poder acceder a sus enormes poderes, por un lado le hemos dado forma humana y dotado de sentimientos: cólera, belleza, bondad, abundancia o inquietud, y por otro le hemos otorgado los atributos de un dios. Un ser sobrenatural, omnipresente y todopoderoso capaz de engendrar la vida y al mismo tiempo, quitarla.

Agua en la creación del mundo y en la creación del artista.

El arte del agua

*"El mejor escultor de la piedra no son las manos
del artesano ni las herramientas que usa.
Son el aire y el agua juntos aliados con el tiempo."*
Henry D. Thoreau.

"Aquí yace alguien cuyo nombre estaba escrito en el agua."
Epitafio en la tumba de John Keats

Lenin Soto es un hombre robusto con una piel requemada por la radiación austral que posee un par de embarcaciones en el Lago General Carrera, en Patagonia Chilena, con las que realiza un trabajo singular: mostrar el arte del agua.

—Cuanto me costaría ir a ver las Catedrales —le pregunté una mañana de otoño.

—Si encuentra otros cuatro ocupantes, cinco mil pesos por cabeza. Los encontré y navegamos por las aguas bravas del segundo lago más grande de América del Sur. La barca subía y bajaba lanzándonos un agua helada hasta llegar a una ensenada donde había monumentos esculpidos por el agua: cavernas, galerías y oquedades excavadas en el mármol por el oleaje y el hielo a través de las edades. Sus paredes y columnas parecen pulidas con lija y tienen formas sensuales que recuerdan al Parque Güell de Gaudí con tonalidades grises cruzadas por vetas blancas, mostaza y granate.

Este es un pequeño ejemplo de lo que es capaz el agua cuando dispone de tiempo. Porque si el arte despierta emociones y atrae a miles de personas que desean contemplarlo, el agua, en cualquiera de sus formas, sería el primer museo del mundo. Desde las plumas de lluvia que ondean en la tormenta; una llanura polar de un blanco inmaculado; el desfile de las nubes con todos sus personajes; la superficie de un río con escamas plateadas que brillan al atardecer; los colores de la mar que varían con la luz; las grandes olas rompiendo; o la transparencia del agua que nos vamos a beber..., todo encierra tal belleza que cautiva a todo el mundo y no deja indiferente a nadie. Como tampoco sus obras.

Obras de arte del agua las hay de todas formas y tamaños, incluyendo gigantescas. Cicatrices en la tierra que el agua moldeó a su antojo durante millones de años. Comenzó con un simple arroyo culebro y acabó abriendo cañones para dar paso a los ríos. Los dos más conocidos son El cañón del Colorado y el cañón del Nilo Azul. El del Colorado no lo he visitado nunca pero el del Nilo Azul sí que lo bajé entero y esto escribí en mi cuaderno:

"*El cañón del Nilo Azul es el más largo del planeta: casi setecientos kilómetros de Bahar Dar a Kokó y, en algunos tramos, con una profundidad de uno y medio. La Garganta de Abbay, una parte del Cañón y único paso transitable desde el centro al noroeste de Etiopía, me la bajé caminando y a la hora del calor. Tres horitas al Infierno por una pista de piedras, arena y grava, en un paisaje pelado donde el polvo se mastica. La pista se precipita, sinuosa e inclinada, en un costurón en la Tierra de un kilómetro de hondo y a cada metro que bajo el calor va aumentando al tiempo que retrocedo en el tiempo. Casi un millón de años cada diez metros de bajada. Los estratos se suceden y las eras geológicas van quedando al descubierto. Por aquí pasaba el Nilo cuando había dinosaurios. En este nivel estaba cuando entró el Eoceno. Y así, marca a marca, el río me va contando el tiempo que tardó en cavarlo. Seguí caminando hasta el fondo de la herida hasta llegar a un viaducto que vibra con el paso de los tráileres. Y debajo... el Nilo Azul, que no es azul, sino turbio, y que baja silencioso e impasible, por un desfiladero de altas paredes negruzcas, cargado de cocodrilos que dormitan en remansos. Crucé el viaducto a pie y al otro lado lo mismo pero todo cuesta arriba: La subida la hice en bus mientras el Nilo detrás seguía mordiéndole al Tiempo".*

Dos mil kilómetros de largo tiene otra escultura, la más larga del planeta: la Gran Barrera de Coral en el nordeste de Australia. Gracias a la claridad del agua, sólo a pulmón, buceando, se pueden admirar la forma de los corales. Abanicos rojos; hongos blanquecinos; masas de cuerno de ciervo, de tubo, de rosa o dedo. Todo un jardín de esculturas moldeadas por el ir y venir de las aguas.

Agua que esculpe paisajes y piedras semipreciosas: En las minas de Naica en Chihuahua, México, descubrieron no hace mucho unas agujas de cuarzo del tamaño de obeliscos que se cruzan como un juego de alfileres cuando los atrae un imán. Se formaron en el agua pero cuando desecaron las galerías para sacar mineral, allá se quedaron flotando dentro de una gran geoda. En Pulpí, Almería, también se ha descubierto otra y en las antiguas minas de Segóbriga, los romanos las sacaron para cortarlas en finas tiras de cristal que ponían en las ventanas de las casas de los nobles.

Más grandes que las agujas de cuarzo son las estalactitas y estalagmitas que el agua esculpe en las cuevas y que pueden llegar a formar una gran diversidad de originales figuras: el perfil de Blancanieves que hay en las del Rancho Nuevo; el árbol de Navidad en las cuevas de García, o los dragones del Drach. Estas y otras figuras parecen como moldeadas por las manos de un artista, pero están hechas por agua. También la rosa del desierto, bellísimas flores de piedra de tonos ocre y salmón es una creación de la lluvia al mezclarse con el yeso. Y existen decenas de formaciones rocosas modeladas por el agua: los torcales, el karst, los cenotes, los mogotes...

Estas se dan en la tierra pero también bajo el mar. En el año 2000, cuando el buque de investigación Atlantis rodeaba la montaña submarina Atlantis Massif la geóloga Debbie Kelley y su equipo descubrieron la Ciudad Perdida, un bosque de chimeneas volcánicas, algunas tan altas como edificios de quince plantas de altura y clavadas a setecientos metros de profundidad en mitad del Atlántico. Altas y estilizadas, de sus afilados cráteres emerge un humo de burbujas que llega desde la corteza a más de trescientos grados y eso les da la apariencia de una ciudad fantasmal. ¿O será el viejo hogar de los atlantes donde hierven sus marmitas?

Obeliscos, chimeneas, catedrales, todo hecho por el agua. Formas, colores y texturas que aparecen combinadas y ordenadas como si hubiera detrás una mano que tallara. Esta capacidad artística del agua ya la captaron los hombres y mujeres desde los tiempos remotos y desde entonces la han tratado de reflejar en las distintas ramas del arte: pintura, baile, música, literatura, arquitectura, cine, fotografía y, por supuesto, escultura.

El primer escultor del agua fue John Wilkes que descubrió las *Flowforms*, una serie de figuras basadas en formas del agua. También William Pye se inspira en los remolinos para crear vórtices vertiginosos que nunca dejan de girar dentro de unos enormes recipientes de cristal.

Pero sí hay un escultor que trate el agua de tú a tú ése, sin duda, es Jason Taylor, un norteamericano que está empeñado en mostrarnos como sería la vida en un barrio bajo el agua. Nada especial ahí abajo. Igual que en el mundo terráqueo. Mismo mundo cotidiano. Mismas escenas que podemos encontrar en cualquier ciudad o pueblo: un oficinista apoyado en su mesa con muchos papeles detrás pensando mientras los peces le miran. Un gordinflón cervecero viendo la tele retumbado en un sofá cochambroso, comiéndose una hamburguesa con chips y con el mando a distancia muy cerca de la mano. Otro tipo durmiendo en un coche. Alacenas de cocina con comida lista para ser comida. Profesores dando clase. Mujeres hablando en un corro. Escenas cotidianas en las que podríamos participar y que, curiosamente, no nos chocan al mirarlas como si vivir bajo el agua nos fuera muy familiar.

Y si el agua líquida esculpe, el hielo es una escultura en sí mismo. Desde un cristal de hielo hasta el frente de un glaciar, sus formas nos maravillan. A tamaño microscópico, Kepler fue el primero que se fijó en la estructura del agua allá por el XVI, pero el primero que las fotografió fue Wilson Bentley quien, a principios de siglo XX y con una cámara muy básica, fotografió miles de copos de nieve y dio origen a un pasatiempo ¿o es ciencia?, que han continuado muchos.

Su alumno aventajado ha sido Kenneth Libbrecht, a quien llaman el *Señor de los Copos de Nieve* porque dedica su tiempo libre a fotografiar la estructura del hielo. En realidad es director del departamento de Física del instituto de Tecnología de California, el Caltech, pero ha encontrado en el hielo algo que ni el físico más ortodoxo es capaz de explicar: *"Existe una disciplina llamada dinámica de fluidos, que no siempre cumple el agua. Ya en el siglo XVI, antes de que se conociera el concepto de molécula, Kepler se preguntaba por qué los copos de nieve tienen formas diferentes y no hay ninguno igual. Pues bien, cuatrocientos años después no hemos avanzado mucho porque aún no sabemos la respuesta".*

Para pagarse su hobbie, Kenneth edita libros con sus fotos, vende papeles pintados con los fractales del hielo y una vez vendió los derechos de sus fotos más hermosas para una edición de sellos postales en la navidad del año 2006, de la que se vendieron millones.

Si sus formas pequeñas encantan, las grandes atemorizan. Los carámbanos de hielo con sus formas afiladas, peligrosas y colgando de los aleros dan la impresión de ser una armería de espadas de cristal dispuestas para el combate. Y la silueta de los icebergs flotantes, sugieren viejas tragedias. Lo vemos desmoronarse en el Perito Moreno y hay que mantenerse lejos. Lo vemos avanzar despacio en Groenlandia o Patagonia y hay gente que lo pica en cubitos para beberse unos whiskies con un hielo milenario.

Arte en nieve ¿qué niño de clima frío no ha hecho un muñeco de nieve con la bufanda y los ojos? Muñecos y construcciones: El festival de Hielo de la Ciudad de Harbin, en Manchuria, es el acontecimiento artístico de esculturas en el hielo más conocido del mundo. Allí se juntan los mejores escultores que buscan el mejor hielo del lago y con él realizan verdaderas maravillas. El palacio de Versalles. La Ciudad Prohibida. El Big Ben. Todo está esculpido hasta el menor detalle y de noche, iluminado, parece un mundo de cristal.

También para disfrutar hay bares y hoteles de hielo. Existen en muchos países: Japón, Rusia, Canadá y hay un reto mundial a ver quién construye el más espectacular. Por ahora el más grande es el IceHotel, situado en el norte de Suecia. Recepción, bares, salones, restaurante, zona comercial, lugares de reunión y una decena de habitaciones excavadas en el hielo con una extraña propiedad: el hielo guarda el calor. Y es gracias a esa propiedad que los inuit llevan cinco mil años viviendo en los dominios del frío protegidos por iglúes.

De paisajes nevados, dos hombres, padre e hijo, pintaron obras de arte que han trascendido en el tiempo. Se llamaban Brueghel el Viejo y el Joven y en sus cuadros inmortalizaron la vida en las aldeas y en los bosques de la Holanda del XVI. Hay de todo en esos lienzos y aún desprenden frío glacial: patinadores, comerciantes, cazadores con sus perros, mujeres que van a la compra, chiquillos que juegan con bolas, abrigados y ateridos, entre un mar de calles y tejados blancos, de cielos grises y rasos que anticipan la nevada, y de ríos y lagos helados donde la vida discurre sin que nada la perturbe.

Y otro estado del agua, el vapor, también crea escenas vivas que todos hemos contemplado en algún momento de nuestra vida, tumbados sobre la hierba. Son las nubes y sus formas. Nubes viajeras que cambian al antojo de la brisa y que crean, en una cadena infinita, una sucesión de figuras improbables, casi siempre irrepetibles. La cabeza de un conejo que se convierte en minutos en una bola de helado que se derrite formando una cascada de nieve que se reúne creando el casco de un gladiador que se deshace surgiendo la estampa de un blanco caballo al galope y de cuyas patas surge una anémona de mar que al final se desvanece en un cielo azul añil.

Y otra obra de las nubes que vemos desde los cerros: la extensa alfombra blanca flotando sobre el paisaje. Es como un suelo de algodón que cubre valles y casas y que te hace sentir extraño estando en tu propio planeta. Dan ganas de ponerse a caminar encima para experimentar lo etéreo, pero si lo haces, te matas porque es sólo vapor de agua.

Nubes: así las vi yo atravesando Dakota *"La forma de los montículos me recordó una escombrera. El cielo, en cambio, sí me impactó. Llegaba hasta más allá de donde alcanza la vista y estaba surcado por un ejército de nubes blancas desfilando como naves imperiales en formación de combate"*.

Puro arte en blanco y negro. La espiral de nubes blancas de un huracán tropical vista desde el espacio, nos fascina y acongoja. Cordeles blancos hinchados moviéndose en formación alrededor de su ojo listos para descargar su furia contra la costa. También los géiseres y fumarolas son fenómenos naturales hechos de vapor de agua. Y arte a color en las nubes: el arco iris nos muestra los siete colores primarios y es símbolo de muchas culturas y movimientos sociales. La enarbolan los sudafricanos, dueños de la nación arco iris; los gays; y será la que enarbolen los guerreros que vendrán cuando, según la tradición lakota, se quiebre la cuarta pata del bisonte que sostiene nuestro mundo: los Guerreros Arco Iris. The Rainbow Warriors.

La gente por lo general disfruta mirando las nubes pero hubo una persona que las convirtió en arte: John Constable.

Nacido en el sur de Inglaterra a final del XVIII, durante su juventud se dedicó a estudiar las nubes tratando de comprenderlas y parece que lo consiguió pues en casi todas sus obras son ellas las protagonistas. Cielos nublados desde primer plano al horizonte tan reales que parecen fotografías de ahora. Tormentas que descargan agua. Arco iris que las cruzan. Atardeceres ingleses de nubes arreboladas sobre un disco solar. Azul, gris y movimiento. Esa sensibilidad fue la esencia de su arte y cuando ya era un pintor consagrado, escribió esto a un amigo: *"Las nubes se amontonan formando una masa de gran densidad que aparenta desplazarse desde lo alto con lentitud. Por encima de estas grandes nubes aparecen otras, numerosas, opacas, pequeñas, que pasan con rapidez frente a ellas..."* Y en esta otra carta que escribió al obispo de Canterbury recomienda: *"Los cielos deben ser nublados, y en mi pintura siempre serán una parte importante de la composición. El cielo es la fuente de la luz en la naturaleza y lo gobierna todo".*

En colores y matices, el agua los tiene todos. A los pies de la isla de Capri hay una pequeña gruta en la que hay que entrar en barca y con la cabeza baja. Dentro de la Gruta Azul la barca avanza flotando sobre un espejo líquido de color aguamarina que parece de otro mundo. Y mientras flotas sobre ese suelo azul movido, en el techo de la gruta titilan escamas de nácar en un baile de luciérnagas que sólo invitan al silencio.

También invitan a quedarse las aguas de un atolón. Las islas de Polinesia: Bora Bora, las Marquesas, son destinos que aparecen en anuncios como lugares de ensueño. Aguas zafiro en suspenso, ricas, quietas y escondidas, cerradas por un arrecife y por playas de arena blanca con un fondo de palmeras. Los mares y los colores: el verde esmeralda del Caribe, el cobalto del Egeo, el blanco lechoso del Báltico, el negro del Golfo de Ancud, el azul ultramarino del Cortés, el celeste del Canal de Mozambique. Y hay mares extraterrestres: el ceniza claro del Mar de la Tranquilidad que está seco y en la Luna.

Y hay ciertos lagos que atraen por su gama de colores: el Pemaling en el Tibet cambia de color según le dé la luz del sol. Con ella es de turquesa brillante y sin ella como una piedra de jade, opaca, lisa y maciza. Es un lago hechizado y según las leyendas locales en el fondo viven los nagas que de noche hacen sonar las trompetas y se comen a los yaks. También se dice que allí viven el *mimayin*, el coco de los niños tibetanos. En Siberia, el Baikal es el más bello por sus aguas transparentes, las más ricas del planeta. En Senegal, el lago Rosa; y los tres lagos del volcán Kelimatún, situado en Indonesia, de tres colores diferentes: uno rojo, otro azul y otro verde oliva parecen un capricho del artista agua.

También nos atrapa la vista las olas de una tormenta chocando contra la costa y luego tragándose un faro. O el tubo de la ola hawaiana donde entran los surfistas. Pero la ola que más fascina a los surfistas de los cinco continentes es el Dragón Plateado que se forma en la desembocadura del rio Qiantang durante la luna llena de otoño. El fragor de su llegada se escucha a más de veinte kilómetros y puede llegar a medir más de ocho metros de altura e ir a cuarenta por hora. Y es una única ola así que el que se la pierda no podrá cabalgarla hasta el siguiente año.

Y no olvidar las cataratas, un espectáculo acuático que atrae a millones de personas. Las del Niágara son el lugar más visitado del Canadá y uno de los primeros de Estados

Unidos. Lo mismo las de Iguazú y las del Humo que Truena entre Botswana y Sudáfrica. Toneladas, millones de litros de agua, precipitándose al vacío con una fuerza incontenible que nadie es capaz de parar. Contundentes pero bajas comparadas con el Salto Ángel, una cola de caballo de un kilómetro de altura que cae desde un taipú venezolano hasta perderse en la selva.

El agua en todos sus estados nos ofrece unos paisajes que los humanos pintamos desde tiempo inmemorial. La primera pintura en la que aparece el agua está en La Cueva de los Nadadores, descubierta en 1933 por el Conde Almazy, protagonista de la película *El paciente inglés*, en la frontera sur entre Egipto y Libia. Las pinturas se han datado en unos diez mil años de antigüedad pero las texturas y colores con que pintaron el agua no han llegado a nuestros días. Sólo una serie de personajes que nadan, bucean y pescan en un río sahariano, que hoy es un cauce seco.

Muchos siglos después, en los mosaicos que decoraban las casas y los palacios de la antigua Roma, la presencia del agua es motivo habitual: fuentes, copas, peces, mares, ríos, flotas, Poseidón y su familia, hechos con teselas engarzadas con una paciencia de orfebre.

En China, la tradición paisajística se da en todas las dinastías: los Han, Tang, Ming crearon sendas escuelas, pero fue en el siglo XI durante la dinastía Song cuando entra en su esplendor. Basados en viejos saberes los pintores de paisajes contraponen agua y montaña, los dos polos naturales que Confucio expresaba así: *"El hombre de corazón se encanta con la montaña y el hombre de entendimiento disfruta con el agua"*. En China en aquella época, la naturaleza no es más que un reflejo del comportamiento humano como cuenta Teresa González en su tesis sobre *El paisaje en la pintura china: "Los elementos más destacados del medio natural, el agua y la montaña miembros de esa entidad superior llamada naturaleza, o Tao, son comparados con las más altas cualidades del hombre"*

El agua es una de las metáforas más fuertes del taoísmo pues simboliza la fuerza de lo débil ante lo fuerte y por ello es tan omnipresente en la pintura oriental. El cuadro de Ma Yuan *Diez mil olas sobre el río Yang Zé* sólo hay agua en mil formas diferentes. Y en la única pintura que nos ha llegado de Guo Xi, el más célebre pintor de la escuela Song *Comienzo de la primavera,* el agua domina el cuadro en cascadas de vapor y un lago dormido sustenta los árboles y las montañas.

Pero si hay un icono del agua en Oriente no viene de China, sino de su vecino Japón. Es *La Gran Ola de Kanagawa,* de Hokusai, heredero de la larga tradición paisajística japonesa. Copiada, emulada y reproducida hasta la saciedad, *La Ola* se puede ver en todos lados: en las paredes de bares y restaurantes; en las viñetas del manga; en los comics de Tintín; o en los carteles turísticos que invitan a conocer el país. Estampada sobre seda hace unos doscientos años, la ola aún parece que está viva y que va a romper de inmediato sobre unos pescadores que la miran con terror desde unos endebles cayucos. Un crítico, Edmond de Gouncourt, la describe así: *"El dibujo de la ola es una especie de visión divinizada del mar hecha por un pintor que vivió el terror religioso del océano abrumador rodeando por completo su país. Impresiona por la súbita furia de su salto a través del cielo, por el azul profundo del lado interno de su curvatura y por el salpicar de su cresta que desparrama un rocío de pequeñas gotas en forma de garras de animales".*

En Occidente también el agua es un motivo pictórico recurrente desde el Renacimiento y Leonardo da Vinci uno de sus precursores. Hombre de los mil misterios, introvertido, estudioso y encriptador de mensajes, en su cuadro más conocido difumina un río tranquilo entre montañas de humo que emergen tras la enigmática sonrisa de la mujer más famosa que ha dado la pintura. También hay paisajes acuáticos y montañosos que surgen difuminados en *Santa Ana, la Virgen y el Niño*, y *Leda y el Cisne*.

Boticelli, Rafael o El Bosco pintaron algunas escenas con agua, pero el pintor que ha pasado a la historia por sus paisajes de agua fue sin duda Il Canaletto. Nacido y criado en Venecia, con largas estancias en Londres, pintó cientos de veces los rincones de Venecia a cualquier hora del día y fue su mejor retratista. Aguas oscuras de noche; azules al mediodía que reflejan como espejos los palacios del Canal. Aguas verdes de las sombras y blancas del amanecer, a veces como un espejo y a veces con un ligero temblor que deforma las figuras. Tanto se centraba en el agua que en sus bocetos tachaba el cielo con cruces y en los cuadros, a veces, lo dejaba en blanco, sin pintar.

La tradición continúa desde entonces hasta hoy: Patinir, Friedrich, Lorrain y muchos otros, son pintores que nunca dejaron de inspirarse en las mil formas de un agua con un mensaje que ellos trataban de interpretar por medio de sus pinceles. Manet se pasó veinte años pintando el estanque de su casa en Giverny; Turner estaba obsesionado con la furia de las tempestades y la mitad de su obra está dedicada al mar; y en las pinturas de Sorolla las olas del mar levantino parecen que van a salirse del lienzo y derramarse por el suelo de las salas del museo.

Son y fueron pintores que supieron copiar como nadie

las formas externas del agua, pero sólo ha existido uno que ha pintado su alma. Era Salvador Dalí, que escribió cosas como estas: *"Me siento como un pez nadando entre las aguas frías del arte y las aguas calientes de la ciencia (...) acerqué mi ojo a la lupa, producto de una larga destilación numérica y la vez intuitiva: cada gota de agua, un número; cada gota de sangre, una geometría".*

Dalí descompuso el agua de todas las formas posibles: Como una piel plegable cuando pinta *Dalí a la edad de seis años, cuando creía ser una niña, levantando la piel del agua para ver un perro que duerme a la sombra del mar.* En rectángulos azules que flotan sobre los relojes blandos. En moléculas esféricas que forman el rostro de Gala mientras Dalí la contempla desnudo sobre la orilla. En un espejo confuso donde el reflejo de los cisnes los convierte en elefantes. En el pelo de un muchacho que tiene rasgos de agua en el *Nacimiento de la divinidad.* O en un agua dura y blanca para que Gala se arrodille mientras él la está pintando en *El Consejo Ecuménico.*

Dalí, Hokusai, Constable, todos debieron gastar mucha plata en pinceles y colores, en cambio Mikel Arena, un chico francés con sombrero, no gasta ni un euro en colores porque pinta sólo con una esponja con agua. La pasa por una pizarra siguiendo trazos concretos, después hecha polvos de talco y ahí surgen las figuras. Y otra forma de arte acuático: Zhu Lin, un joven artista chino, pinta sobre la misma agua, que es un arte muy antiguo en su país. Lo hace sobre una fina lámina de agua con pinturas especiales y, una vez terminadas las escenas, coloca una papel vegetal sobre la superficie quieta y espera a que este absorba el color. Después saca el papel lentamente, lo cuelga para que se seque y ya está listo: agua pintora.

Un proceso parecido se utiliza en el *Ebru,* una técnica muy antigua que se practica en Turquía. Hoy ya casi no quedan artesanos que se dediquen a ello pero Garyp Ay, un muchacho que trabaja en Istanbul, la ha recuperado y sus composiciones se venden bastante bien. Cañas, flores y figuras de colores vivos que pinta directamente en el agua y que luego traslada al papel listas para ser vendidas a clientes de internet.

Y el agua en otro arte grande: la poesía. En lengua española, el gran cantor del agua se llamó Neftalí Reyes, más conocido por Pablo Neruda. Nacido bajo el signo del agua, en Temuco, Sur de Chile, *"el lugar donde nació la lluvia",* como lo llamaba él, pasó la mayor parte de su vida en su casa de Isla Negra, desde cuyas vidrieras contemplaba el Pacífico. Nunca se cansó de verlo y mucho menos de cantarle. Y hasta le puso sexo. Este es un fragmento de su poema "Agua sexual".

Rodando a goterones solos
a gotas como dientes
a espesos goterones
de mermelada y sangre
rodando a goterones
cae el agua
como una espada de gotas
como un desgarrador río de vidrio
cae mordiendo....

También su compatriota, la gran Gabriela Mistral echaba de menos el agua.

Lléveme a un blando país de aguas
en grandes pastos envejezca
y haga al río fábula a fábula.

Tenga una fuente por madre
y en la siesta salga a buscarla
y en jarras baje de un peña
un agua dulce, aguda y áspera

Lorca, Alberti, Salinas, también le cantaron al agua en este lado del mundo. Pero en el otro también. En el Japón medieval, el poeta Sogui, fundador de los haiku, poemas de diecisiete sílabas en tres versos de rima libre que ensalzaban el asombro de las cosas cotidianas y vinculados a la filosofía zen, también le cantaba al agua:

Habrá cesado
la llovizna de mayo?
Murmura el agua

O este otro de Matsuo Basho, en el siglo XVII

El estanque antiguo
salta una rana
sonido del agua

Y otro poeta universal Dylan Thomas, festejaba su treinta cumpleaños con un poema de agua:

My birthday began with the water
And I rose in rainy autumn
and walk abroad
in a shower of all my days

Pero, en el mundo literario, no son sólo los poetas quienes le cantan al agua. También hay cuentos infantiles, *La Sirenita;* novelas de aventuras, *20.000 leguas de viaje submarino...,* y relatos de terror.

Howard Phillips Lovecraft era un lobo solitario que vivió la mayor parte de su vida en Providence, Massachusetts. De carácter retraído, durante su infancia y primera juventud no era de relacionarse y en su mente se fue forjando un mundo peculiar. Publicó cuentos muy pronto, cuentos escalofriantes con criaturas demoníacas, algunas salidas del agua y creó un panteón de Seres Terroríficos al que llamó el Chultu. Poco a poco su ensimismamiento le condujo a estadios de prelocura y entonces comenzó a tontear con el opio y otras sustancias. Tratando de salir de ese círculo de locura, se casó y durante dos años se fue a vivir a Nueva York donde intentó trabajar de periodista. Inútil. La llamada de los monstruos que había dejado en Providence fue más fuerte que el amor, así que dejó a su mujer y regresó a su ciudad.

Diez años sobrevivió en una caída en picado que le llevó a malvivir en una habitación, solo y sin atención. Fue un periodo tormentoso en el que, entre el consumo del opio y su mente retorcida, viajó por los infiernos del agua donde encontró a Los Profundos, a quienes describe así: *"Creo que su color predominante es el gris aunque tenían un abdomen blanquecino. Eran brillantes y resbaladizos pero su espina dorsal era de escamas. Sus formas eran vagamente antropoides pero su cabeza era de pez con ojos grandes y saltones que nunca se cerraban. Al lado de su cuello tenían agallas palpitantes y en sus largas zarpas tenían membranas interdigitales. Sus voces eran croantes y aullantes..."*

Estos Seres Profundos viven en la ciudad de Y'na-ntheil, cerca del Arrecife del Diablo en el estado de Massachusetts y son capaces de hibridarse con humanos con quienes tienen relaciones comerciales. Cuando lo hacen nace un ser humano pero con el paso de las generaciones volverá a surgir un Ser Profundo. De esto trata uno de sus libros más terroríficos: *La sombra de Innsmouth*. Algo raro sucede en esa ciudad. Por sus calles vagan desde hace generaciones seres que no son de allí y el narrador del libro lo visita para tratar de resolver el misterio. Encuentra al anciano Zadok, quien le confirma la existencia de esos monstruos. El narrador no le cree pero una noche los ve caminado por su hotel y aterrorizado huye. Después, al cabo de unos años, el hombre busca una explicación de por qué le eligieron a él y descubre que desciende de Obed Marsh, un marinero de Innsmouth. Y ahí es donde comienzan sus pesadillas.

"*Ante mí se abrían en sueños grandes espacios acuáticos por los que yo flotaba a través de inmensos pórticos sumergidos y de murallas ciclópeas de agua. En un principio soñé con peces grotescos que me acompañaban. Después comenzaron a aparecer otras formas que me llenaban de horror al despertar pero que durante el sueño no me causaban el más ligero temor porque yo era uno de ellos (...) Sentía un impulso irracional de dejar la vida sana y ordinaria que llevaba y lanzarme a las tinieblas y la locura. Una noche tuve otro sueño terrible: soñé que me encontraba con mi abuela debajo del mar. Me dijo que no había muerto que simplemente había sufrido una gran metamorfosis y que había regresado a las aguas. y que este reino también estaba destinado a mí. También encontré a la abuela de mi abuela, se llamaba Pth'thya-l'yl y me dijo que llevaba ocho mil años viviendo en Y'na-ntheil. Los Profundos no pueden ser exterminados jamás y su intención es extenderse por toda la superficie del globo. Esa misma mañana comprobé ante el espejo que tenía la misma pinta de un shoggoht y a punto he estado de acabar con mi vida. Pero con el paso de los días me he ido relajando. Ya no temo las regiones submarinas. Un futuro Prodigioso me aguarda en los abismos y no tardará en llegar. Urdiré un plan para que pueda escapar mi primo del manicomio y con él co-*

rreremos juntos hacia la ciudad mágica de Innsmouth. Nadaremos
hasta los arrecifes, nos sumergiremos en los negros abismos hasta la
ciudad ciclópea de Y'na-ntheïl y allí, en compañía de Los Profun-
dos viviremos por siempre en un mundo de maravilla y de gloria"

Misterios, colores y formas que han inspirado a los artistas a través de las edades, pero el agua tiene otra cualidad
que inspira a todo el mundo: su sonido. El tintineo del
arroyo, el murmullo del manantial o el fragor de la tormenta,
lleva inspirando a los músicos desde tiempos primitivos. Los
pigmeos golpean la superficie del río que suena como un
tam-tam, y los antiguos habitantes de la región del Caribe:
taínos y syboneis, fabricaron el palo de lluvia, un trozo de
caña hueco atravesado de espinas y relleno de un puñado de
semillas que al moverse imita el rumor de la lluvia.

Ya en la época clásica, grandes músicos dedicaron
conciertos al agua. Beethoven compuso *La Tempestad* donde
rugen los instrumentos siguiendo los acordes de la tempestad mental que reinaba en su cerebro. También Ravel demuestra su sensibilidad en *El Baile de las Olas,* pero la obra
que más impactó en el siglo XVIII por sus notas pegadizas y
su ritmo trotador fue la *Música acuática* de Haendel.

Fue un encargo del rey Jorge I de Inglaterra, un hombre
supersticioso al que le gustaba el siete. Y dio la casualidad
que su reinado coincidió con el siete de julio de mil setecientos diecisiete, 7-7-1717, y para celebrarlo se le ocurrió dar
una gran fiesta. Un desfile. Un desfile sobre el agua que
Europa no olvidaría. El rey no reparó en gastos para que
todo saliera a la perfección, incluyendo una composición especial que encargó al mismo Haendel. Y así, en el día y a la
hora señalados, el siete a las siete de la tarde, la comitiva

salió del palacio de Whitehall precedida de cientos de embarcaciones ataviadas con sus mejores galas. En el centro de la comitiva, la del rey y su familia, con cortinajes de seda y adornos de oro y plata. A su lado, los músicos sobre una gran plataforma colocada sobre un barco. Y detrás, también sobre lujosos barcos, la corte, ministros y embajadores.

Uno de ellos, el embajador de Prusia, Friedrich Bonett, relataba así el desfile: *"Al lado de la embarcación real se encontraba la de los músicos que, en número de cincuenta interpretaron con todo tipo de instrumentos a saber: trompetas, trombas, oboes, fagots, flautas alemanas, flautas francesas de pico, violines y violonchelos, pero sin voces. Este concierto había sido compuesto para la ocasión por el célebre Haendel, oriundo de Halle, primer compositor real. La música fue tan aplaudida que Su Majestad la hizo repetir tres veces, dos antes de la cena y una después..."*

La obra se compone de tres suites, la última con un ritmo tan alegre y cristalino que todavía hoy, trescientos años después, sirve de sintonía a programas de radio o televisión, la usan en comerciales, y es agradable escucharla mirando paisajes de agua.

Ravel, Haendel o Debussy le pusieron música al agua y crearon un sonido que otros han imitado incluido en nuestros días. La guitarra de Mike Oldfiel es como oír un manantial, Camarón le canta al agua con un desgarro bajau, y las canciones de Enya parecen emerger directamente desde el fondo de los mares. Es como si la cantante leyera en el corazón del agua y para expresar lo que escucha utiliza el loxian, un idioma que suena como una lengua atlante. Así dice una de sus canciones:

O errusay errheemo may nay
mmer mma o say la na orro

El agua que inspira a los músicos también inspira a arquitectos: la Opera de Sydney o el Auditorio de Santa Cruz de Tenerife tienen forma de olas. Y los edificios de la ciudad de Venecia, cuyo poder se fraguó por el dominio del agua, emergen de la misma agua dándole ese encanto especial que hace que todos los años la visiten millones de personas. Y es tan grande dicho encanto que en Las Vegas, al otro lado del mundo, se ha levantado una copia. Allí los casinos compiten por tener el mejor espectáculo acuático y mientras unos visitantes contemplan las fuentes del Bellagio, con cinco mil surtidores bailando a ritmo de rock, otros prefieren navegar por canales venecianos hechos de cartón piedra, o entrar por una bóveda de agua digital en la que nadan rayas, tiburones y otros peces virtuales.

Y en otras facetas del arte, como el cine o la fotografía, también hay muchos artistas que se inspiran en el agua. El fotógrafo Markus Reugles capta imágenes del agua, que luego mezcla o colorea obteniendo un resultado de formas inverosímiles que cuelgan en el espacio. También lo hace Martin Waugh, un físico de Oregón, a quien llaman *El Señor de las Gotas*. Fotografía las gotas de todas las formas posibles y todo porque vio algo en una que desafiaba todas las leyes físicas con las que él trabajaba. Así lo cuenta el propio Martín: *"Una noche estaba tomando fotografías del momento en que el agua rompe y forma una columna con una bola al final. Pero hubo una foto diferente. De hecho parece físicamente imposible: ¡en la punta de la columna se formaba un disco plano!*

Ahí comenzó su pasión, una pasión que le lleva a hacer miles de fotos, él dice que más de cien mil, que después cuelga en su web. Gotas solas, o dos chocando entre sí, o mezcladas con jabón, con glicerina o con tintes de alimentos para que les den color. Combinando parámetros como la iluminación, la temperatura del escenario o la tensión superficial para que las gotas salten más despacio o más deprisa, Martin logra instantáneas irracionales y bellas.

Otro artista aventurero, Clark Little, hace fotos de las olas hawaianas pero metiéndose dentro para captar su energía, la belleza de sus formas, los colores y los brillos. Y otro colega, en este caso japonés, Yozuro Masuda, fotografía sirenas tan bellas que uno comprende al instante por qué a Ulises tuvieron que atarlo al mástil para no irse con ellas. Ondas de agua y mujer: dos seres que se comprenden y dos cuerpos que se entienden cuando evolucionan juntos.

También el cine se ha ocupado del agua en algunas producciones, algunas muy taquilleras: *Abbys, Hard rain, Le grand bleu,* son películas que nos sumergen en nuevos y viejos mundos de agua. También lo hace el *Waterworld* de Kevin Cotsner, ¿anticipo de algo que algún día ocurrirá? o *La Joven del Agua*, ese relato inquietante de una habitante primigenia que regresa de las aguas. ¿Será una joven shoggoht que viene desde Y'na-ntheil, la ciudad ciclópea de Lovecraft?

Pero la forma más original de arte realizado con el agua es la del profesor Shigueru Naito. Este científico japonés es capaz de escribir letras, pintar flores y esculpir coronas de agua en una piscina cilíndrica cuya superficie es agitada por cincuenta generadores de ondas dispuestos a su alrededor. Dependiendo de cuáles de ellos se activan y de la potencia aplicada, el agua responde al impulso dibujando letras, flores o figuras.

Agua que entiende de fuerzas y también de sentimientos.

La sensibilidad del agua

"Empty your mind. Be formless. Be sharpless.
You put water in a bottle and becomes the bottle.
You put water in a teapot a becomes the teapot.
Water can flow or it can crash. Be water."

Bruce Lee refiriéndose al Wu Wie, el
principio taoísta de no actuar y adaptarse.

El agua es como nuestra anciana abuela que nos cuida,
nos protege y nos permite avanzar como a cualquier otra especie del tejido natural de la vida del planeta. Pero a veces
esa abuela tiene arrebatos de furia, y no porque quiera hacernos daño o castigarnos por algo, sino porque tiene que defender su existencia de fenómenos adversos que pueden
amenazar su familia y sus dominios. Terremotos, meteoritos,
huracanes, volcanes, cambios de clima o sustancias que contaminan, son eventos inesperados, todos ajenos al agua, que
le hacen reaccionar. Y a veces la reacción es tan violenta que
puede arrasar países y aniquilar de un plumazo millones de
seres vivos: vegetales, animales y humanos. Es la cólera del
agua y lo que tiene que hacer para mantener su status. Pero

cuando pasan las crisis y el mundo vuelve a la calma, el agua, esa anciana cariñosa y cascarrabias, recobra el instinto maternal y busca por todos los medios volver a convertir su mundo en un lugar habitable.

Eso es lo que lleva haciendo desde hace cuatro billones de años, desde que llegó a La Tierra, y puede aportar evidencias porque en todas las ocasiones el agua consiguió hacer que la vida prosperara. Lo hizo cuando sólo había peces, pero hubo tantos y de tantas especies distintas, pequeñas o gigantescas, que llegaron a colonizar el globo. Pero aquella Era terminó envuelta en gases mortales y el agua pasó a cuidar otro tipo de animales, los dinosaurios, que dominaron mares, valles y montañas durante millones de años. Ellos se fueron un día y ahora nos toca a nosotros. Desde hace doscientos mil años, el agua acompaña al *sapiens* durante su largo viaje y lo está haciendo muy bien. Pudimos sobrevivir a largas edades de hielo y a duros tiempos de sequía pero desde que el clima se templó, los seres humanos prosperan.

Hemos crecido a su vera durante este cálido Holoceno que ya dura diez mil años y en el que se puede ver una explosión de vida del ecuador a los polos: diez mil especies de aves; setenta mil de árboles; doscientas mil de plantas; cerca de un millón de insectos; cincuenta y ocho mil de vertebrados —una de ellas nosotros—, y otras treinta mil acuáticas. Y no somos poca gente: unos siete mil millones, una cifra respetable que hemos logrado alcanzar aprendiendo a usar el agua.

La agricultura y los sistemas de riego produjeron excedentes de alimentos. La ganadería, con fuentes, estanques y charcas donde abrevan los rebaños, fue otra forma de sustento. La industria provocó una explosión demográfica y gracias a la navegación se producen intercambios que hacen que nuestra especie viva en cualquier punto del globo.

Desde hace unos cien siglos vivimos en un periodo de bonanza climática y de tranquilidad cósmica con un agua maternal y cuidadosa que está siempre a nuestro lado. En la Dársena del Llano del puerto de Algeciras, encontré a Gabriel, hombre de mirada franca, ojos de un azul baikal, piel requemada y manos curtidas por treinta años en el mar, que decía que el agua es honrada: *"Para nosotros los pescadores, el mar es amor —ahí se le iluminó la cara—. Es nuestra pasión y cuando estamos lejos nos falta. Siempre volvemos a él. Nos jubilamos y nos quedamos a su lado haciendo lo que haga falta: preparar el aparejo, pintar el casco, reparar boyas, ajustar el motor. No concebimos la vida sin él. El mar es noble con nosotros. El mar te avisa. ¿Has oído hablar del Fuego de San Telmo?*

—Vagamente.

—Pues antiguamente, antes de que existiesen el radar, el sónar y todos estos aparatos, el Fuego de San Telmo te avisaba de la tormenta. Veías el fuego y detrás venía la tormenta. Y tormentas he vivido yo unas cuantas. Y fuertes. Pero si las conoces, sales. Estuve nueve años en el Pacífico, con mi padre, en la campaña del langostino. Ahí, en las costas colombianas, el mar es bravo como pocos. A veces se cabreaba y gracias a que nuestro barco era de hierro, lo soportaba bien pero a los de madera, las olas los subían así de golpe y los destrozaban contra los bajíos de arena. Quedaban machacados. El nuestro no, pero daba miedo verlo"

También de peligro en el agua habla David Meca, que la conoce muy bien pues lleva años nadando por mares y ríos del mundo. Las aguas del Mediterráneo o el Nilo, del mar del Norte o el Danubio han sido mudos testigos de cómo un pequeño ser con hélices en los brazos y un émbolo en los tobillos trataba de atravesarlos. Y siempre con precaución como él mismo describe: *"Recuerdo una zona entre Gomera y Tenerife donde se puede nadar entre ballenas piloto y delfines mulares absolutamente espectacular. Pero durante mucho tiempo he nadado con gafas muy oscuras porque no quería ver absolutamente nada. Tengo mucho respeto a los "bichos"... El medio marino es peligroso, y todos los nadadores somos conocedores de ello, y de ahí que seamos muy prudentes en el mar".*

De amor y temor me hablaba Jeanette, una surfista francesa que practicaba en Canarias *"No es difícil hacer surf. Basta con escuchar lo que te dicen las olas. Ellas te muestran el camino. Por aquí. Ahora muévete hacia allá. Ahora entra por aquí. Ahora sal rápido o te agarro. Cada ola es diferente. Unas parece que te susurran las cosas y esas da gusto montarlas, en cambio otras, es como un rugido de algo que te persigue con intención de comerte. Ahí sí que te entra el miedo".*

Formas de sentir el agua porque ella también siente. El doctor Masaru Emoto dice que, por ahora, el agua es la única capaz de detectar terremotos *"En octubre del año 2000, cuando ocurrió el terremoto de Totori, una sacerdotisa shinto de un templo local lo presentía y se le ocurrió tomar muestras de agua antes, el mismo día y unos días más tarde. Los resultados de esas muestras congeladas revelaron estructuras diferentes. Antes, amorfa y retorcida. En el mismo día, recuperando la forma; y después, formando cristales puros. Le propuse al Ministerio hacer un estudio serio con el fin de instalar por todo el país detectores de terremotos basados en el comportamiento del agua pero, muy cortésmente me mandaron a la mierda".*

El agua siente los cambios y también envía mensajes pero hay muy pocas personas capaces de comprenderlos. En las culturas chamánicas sólo los Hombres de la Lluvia podían hablar con el agua. En el centro de Siberia, Alexander Popov relata como un hombre de la tribu samoyedo se convirtió en chamán después de sufrir la viruela. En sus alucinaciones, la viruela le habló así:

—*Del Señor del Agua recibirás el don de chamanizar. Tu nombre como chamán será Houttarie. Luego la enfermedad revolvió el agua del mar y el candidato salió de ella y se subió a una montaña. Allí encontró a una mujer desnuda y comenzó a mamar de sus pechos. La mujer, que era la Señora del Agua, le dijo: "Tu eres mi hijo, por eso te he dejado mamar de mis pechos".*

Y en otro país, México, donde habitan los huicholes, el psicólogo checo Stanislav Grof tuvo una experiencia traumática con uno de esos chamanes *"En ese viaje tuvimos la oportunidad de ver y conocer a don José Motsawa, uno de los maestros espirituales y de los seres humanos más extraordinarios que hemos conocido (...) don José tenía más de cien años, sin embargo cada año recolectaba personalmente quinientos quintales de maíz convencido de que la mejor garantía para la buena salud y vivir muchos años era la de producir anualmente una suficiente cantidad de sudor (...) Ese año hubo una gran sequía y la comunidad pidió a don José que trajera la lluvia. Él se vistió para la ocasión, cogió sus objetos rituales, ingirió mucho peyote y pasó la noche entera hablando con los espíritus (...) A la mañana siguiente nos pido acompañarle hasta la costa para llevar las ofrendas. Y mientras el grupo completo permanecía inmóvil contemplando el magnífico amanecer, alguien advirtió que empezaba a lloviznar. "Increíble, imposible, fantástico" fueron los comentarios sobre lo que parecía un milagro. "Es kipuro, la bendición de los dioses" dijo don José "Ocurre siempre. Significa que hemos hecho una buena ceremonia". Mientras bajábamos los escalones de piedra hasta el océano, la llovizna se convirtió en chaparrón. Don José llegó a la orilla, se paró sobre una roca plana, cuatro metros sobre el nivel del mar, depositó la ofrenda y comenzó a cantar. Ese día el mar estaba en calma pero tras algunos minutos de oración, bajo nuestra mirada incrédula se formó en la superficie una ola gigantesca que se dirigía rápidamente hacia la roca de don José. La masa de agua alcanzó la roca con una fuerza tremenda pero en su extremidad formó una cresta con forma de espiral que se llevó delicadamente las ofrendas, sin ni siquiera rociar los pies de don José. En la mente de todos no hubo ninguna duda de que el hombre se había dirigido al mar como a un ser viviente y este le había respondido recibiendo sus ofrendas".*

Es el lenguaje del agua, una forma de comunicarse que no contiene gramáticas, fórmulas ni diccionarios sino un complejo alfabeto de texturas y matices que trasmite los mensajes. Color, luminosidad, turbidez, temperatura, sonido, ecos, sabor, forma de los fondos, olores, densidad, dirección de las corrientes, conductividad, profundidad, refracción, salinidad, oleaje, tipo de alimento o especies que la pueblan, juntos creando un lenguaje que los suyos interpretan. Y no hay dos aguas iguales. El mar Muerto tiene salinidad veinte y el Báltico seis. El Caribe no tiene la misma luz ni la misma turbidez que el Atlántico Medio y el agua del Yukón no es la misma que la del Zambeze.

Para los seres acuáticos ese alfabeto del agua es como un libro abierto que todos saben leer y que les permite cumplir su ciclo completo de vida: nacimiento, desarrollo y muerte. Es su medio natural y, como le ocurre al hombre con su ciudad, a las golondrinas con el aire o el caribú con su tundra, lo conocen de memoria y saben cómo orientarse. Las ballenas yubarta viajan sin perderse desde el Ártico a Hawái. Las tortugas marinas después de recorrer el mundo regresan a la playa en que nacieron para depositar sus huevos. El salmón adulto sube los mismos torrentes por los que bajó hacia el mar cuando era un jovencito. El ir y venir del atún del Atlántico al Mediterráneo. La marcha de los siluros en busca de su afluente. El encuentro de todas las anguilas del Atlántico en el mar de los Sargazos de donde partieron como alevines unos quince años atrás. Todos comprenden a un agua que les sirve como guía.

El agua tiene una forma de expresarse difícil de interpretar, en cambio se ha convertido en el vocablo más extendido que hay en la naturaleza. En nosotros y en los animales. Todos tienen un sonido: graznido, mugido, trino, relincho, cloqueo, otilo, bufido, maullido, grito, ladrido, rugido, barrito, rebuzno, zumbido, chasqueo o silbido, que identifica al agua y que advierte a cada especie de su ausencia o su presencia.

En el lenguaje humano, eso se llaman palabras. Una mujer primitiva un día señaló el agua y lo convirtió en sonido, uno de los primeros de la lengua protohumana: agua, gua, eau, shui, maia, water, wasser... Sílabas cortas y abiertas —¡Wa, wa! —exclamaban las homínidas al ver aparecer la charca.

Agua y mujer: un tándem indisoluble desde que somos primates. Ayer fueron los filósofos y hoy son algunos psicólogos quienes opinan que el agua y la mujer tienen un lazo especial. Ninguno se pone de acuerdo: que si ambas tienen siluetas parecidas de formas redondeadas; una sensibilidad común, el mismo tipo de energía o el carácter maternal. En cambio sí es totalmente cierto que desde tiempos inmemoriales son ellas las responsables de su búsqueda y reparto. Son ellas quienes caminan, a veces durante horas, hasta el pozo más cercano, la extraen con sus propios brazos, la cargan en sus cabezas y la reparten en casa: esta es para beber, esta para cocinar y esta para la limpieza. Y lo hacen desde siempre porque en su corazón presienten que si tratan bien el agua, sus familias vivirán.

Desde entonces hasta hoy. Desde Ghana hasta Bolivia. De Etiopía a Nicaragua. Desde Somalia a la India, las responsables del agua siguen siendo las mujeres. Las de Barganam, una pequeña aldea en Uttar Pradesh, India, se ocupan que los pozos no se sequen. En Areka, Etiopía, Mhart Haile tenía que caminar dos horas todos los días para acarrear el agua y hoy es la que administra el único pozo del pueblo, aunque están haciendo más.

Jane Lubchenco, es la ex-directora de la NOAA, la Administración Nacional de la Atmósfera y los Océanos, en EEUU, y lleva toda la vida estudiando los océanos y buscando la manera de hacerlos sostenibles. Cuando ella dejó el puesto, la sustituyo otra mujer: Kathryn Sullivan.

Y otra luchadora: Nuria Hernández Mora, incómoda para el poder, lucha desde su fundación Nueva Cultura del Agua contra "la comunidad política del agua" integrada por intereses hidroeléctricos, regantes, y las grandes empresas de obra pública, que quieren el agua para ellos. También lucha Maude Barlow autora de "El oro azul", un libro que impactó y que ayudó a que la ONU reconociera el acceso al agua potable como un derecho universal... ¡en el año 2010!

María Elena Forodo, en Perú, peleó contra la industria de la harina de pescado que contaminaba el agua de su pueblo natal, Chimbote. Y ahora gracias a ella y a todos los que la ayudaron, la ciudad puede beber agua buena y toda la comunidad mejora. Y no olvidar a Esperanza Zoza, activista de uno de los Comités de Agua Potable y Salud que hay por toda Nicaragua y que impulsa su total democratización.

Agua y mujeres unidas y sin embargo existe una paradoja que no es fácil resolver. Si la mujer fue siempre la que se encargó del agua ¿cómo es que no la sienten cuando fluye bajo tierra? ese don inexplicable que tiene todo zahorí. Rastreé en la red y en bibliotecas y apenas encontré una o dos mujeres en todo el mundo trabajando de zahorí.

Laureano Zamora es un labrador de la llanura manchega que lleva treinta años sintiendo el agua en sus manos ¿Su instrumento? dos varas de avellano amarradas en sus puntas con un hilo de cobre, un péndulo metálico y un puñado de monedas viejas. Unos le llaman zahorí y otros *hombre sensitivo*. *"Empiezo a sentir las corrientes antes de llegar a ellas y cuando paso por su vertical me es imposible controlar la varita que se levanta hacia el cielo con una fuerza tremenda"* Después sigue el curso del agua, lo marca y ya está. Otro favor realizado por el que no cobra un euro.

Pero si Laureano sorprende, lo de José Mª Pilón ralla con lo sobrenatural. El padre Pilón era un atípico jesuita, fundador de una revista de fenómenos paranormales y renombrado zahorí. Con su péndulo y sus varillas buscaba galeones hundidos, tesoros almorávides y niños fugados de casa. Pero la razón de su fama entre los buscadores de agua, se debía a una cualidad única. Descubría agua sobre plano. No le hacía falta desplazarse hasta el campo. El dueño traía los planos. El pasaba el péndulo por encima y marcaba el sitio del pozo. *"No puedo explicar el hecho de que, sobre una carta a escala, pueda determinar la situación de un pozo, profundidad y caudal previsibles con una exactitud igual a la de un concienzudo estudio geológico. No me lo explico pero es así"*, se excusaba don José.

A veces, y para ponerse a prueba, marcaba el lugar en un plano sin mirarlo y luego se desplazaba al campo. Buscaba el pozo con su péndulo, lo encontraba, lo marcaba y luego comparaba con el punto marcado sobre el papel para siempre sorprenderse de que ambos coincidían.

Buscando una respuesta a ese don tan misterioso, encontré a Bernard, un hombre que había trabajado toda su vida en una empresa de suministro de agua y reconocido zahorí en todo el norte de Francia. Bernard es una persona culta, alto, fuerte, educado y sin ningún rasgo especial que hiciera presuponer que tenía ese don tan exclusivo. Y tampoco él, que llevaba encontrando agua bajo tierra desde hace más de treinta años, me supo explicar por qué.

—*Es un don que ni se aprende ni se hereda. Lo tienes o no lo tienes. Yo ni lo sospechaba hasta que un día mi jefe, me dio dos varillas de cobre y me dijo: Inténtalo. Comencé a caminar por un sendero en Douai hasta que en cierto momento, las varillas se doblaron hacia tierra. Excavamos y había agua a dos metros de profundidad. Y el jefe me lo dijo: Eres sourcier, zahorí en francés. Yo no soy de los buenos porque sólo la puedo encontrar a poca profundidad, pero conozco a algunos que son capaces de detectarla a treinta metros bajo tierra y también son capaces de calcular su caudal. No lo sé. Porque yo no siento nada especial en el momento que las varillas se curvan. Ni un escalofrío, ni cambios de temperatura. Nada. Es así.*

Nadie lo puede explicar así que... tema cerrado. Cerrado quizás para ellos, pero no para mí porque algún tipo de telepatía se tiene que producir entre el agua y el zahorí. Es como si la vara sólo fuera una antena transmisora que comunica el agua del cuerpo del hombre con la que fluye por el subsuelo. ¿Serán magnetismos iguales que crean cierto tipo de atracción exclusivo entre los dos? ¿Vibraciones similares?

De agua, flores y atracción entienden mucho las mujeres andaluzas que cuidan sus patios floridos. *"Hay que hablarles a las plantas"*, cuenta el dicho popular aunque esas mujeres intuyen que es el agua quien escucha.*"El truco está en cómo se riegan"* comentaba mi abuela sevillana que solamente utilizaba regaderas de difusores muy anchos de pequeños agujeros que movía en acompasados círculos sobre todas las macetas. Era como si cayera lluvia sobre aquellos geranios de un rojo incandescente, las petunias azuladas, los claveles rosáceos y ellos le correspondían creciendo espléndidamente. En primavera y verano el patio de mi abuela era un festival de colores y de aromas, gracias a ese agua agradecida que circula por los tallos y las hojas, que alimenta las raíces e ilumina las hojas y los pétalos en flor.

De formas de hablarle al agua sabe mucho el profesor Masuru Emoto, de Japón, que lleva más de veinte años haciendo experimentos (se pueden ver en Youtube) con las reacciones del agua.

Los sonidos estridentes, los gritos, insultos y malos rollos producen cristales negros deformes y obtusos, cargados de una negatividad que pudre los granos de arroz. En cambio, al que habla bien al agua, ella le responde con diseños armónicos y su estructura se alinea de una forma más amable. El bolero de Ravel, la melodía de un mirlo, las fórmulas de cortesía, *"gracias..., bienvenido..., por favor..."*, producen bellas estructuras en una gota de agua. Hexágonos equilibrados con ángulos complementarios. Estrellas de seis puntas formando figuras geométricas de tonos anacarados.

Cada una diferente porque cada gota de agua tiene su

propia estructura que se puede ver muy bien cuando el agua cristaliza. Cada gota lo hace de una forma diferente. Todas tienden a ser hexagonales, pero ninguna dibuja la misma figura geométrica, que ahora llamamos fractal. Es decir, que cada una tiene su propia personalidad, al igual que los humanos. Dependiendo de tu agua eres de una manera o de otra y estás cargado de una microenergía distinta. Esa es la teoría que defiende Kenneth Libbrecht, el Señor de los Copos: *"En su caída hacia el suelo, cada cristal de hielo sigue un camino propio y eso hace que cada uno sea diferente al resto, al igual que las personas que transitan por la vida por caminos diferentes"*.

—Hay química en esos dos actores —dicen los entendidos, y los no tan entendidos, de cine o de teatro. Y es cierto. Sus energías ¿del agua? se compenetran muy bien. No es muy habitual porque las cargas son débiles, pero cuando surge la química entre los actores, todo el público lo siente como si vieran sus auras.

También es posible que esas dos auras, esa microenergía luminosa que desprenden todos los seres vivos y que es distinta en cada uno, se atraigan de manera tan intensa que puede surgir el flechazo. Ese golpe de atracción salvaje que ocurre entre dos personas que tienen químicas complementarias y aguas que se polarizan. Si lo viéramos con una máquina que pudiese captar auras, esa que ha de inventarse, la veríamos fluir de un cuerpo a otro como si fuera uno solo. Fluir y compenetrarse. Hechos con el mismo agua. Misma química esencial. Misma forma de emitir.

Sólo me ocurrió una vez. En un avión de Tenerife a Madrid. Me senté al lado de ella porque algo me atraía. Nos miramos, me miró y luego nos dimos la mano. Era como estar en casa. Estuvimos un día juntos pero sólo recuerdo de ella sus rizos, su piel morena y que era norteamericana. Su nombre no lo recuerdo ni ella recordará el mío pero esa noche descubrimos que los dos juntos crecimos en un mismo antiguo océano. *Le coup de foudre*, la locura del amor..., ¿aguas que vibran en la misma onda?, ¿cauces que se reconocen?

Ocurre en la vida real, pero Shakespeare lo escribió. Acto dos. Escena cinco de *Romeo y Julieta*, la tragedia más famosa que se ha escrito del amor. El ama le aclara a Julieta lo que le ocurre por dentro: *"Daos prisa entonces e id a la celda de Fray Lorenzo. Allí os espera un marido para convertiros en esposa. Os hierve la sangre y se os sube a las mejillas, no tardaréis en tenerlas rojas cuando oigáis otras nuevas que os traigo..."*

A Julieta le hierve la sangre de amor. Pero es sólo una metáfora porque el color y los nutrientes que corren por nuestras venas son sólidos que no licúan. En cambio el agua, sí. Es ella la que se altera cuando siente cercano a Romeo. Entonces comienza a agitarse, a cambiar de estructura y a crear una energía que se convierte después en un cosquilleo flotante: la desazón y el deseo que van impresos en dos aguas que tienden a ser una sola.

Es el agua apasionada, pero no sólo en el amor, también en otros entornos ella trasmite pasión. Sobre todo en el deporte. El agua es el único elemento que tiene Juegos Olímpicos propios. Los de Invierno. Sobre la nieve y el hielo. Esquiadores, saltadores, velocistas, patinadores o jugadores de hockey se dejan la piel en el hielo por colgarse una medalla. Y en los otros, los de verano, el agua baila la danza con las chicas de la *sincro*. Les hace la coreografía con coronas, espirales y perlas de cualquier tamaño flotando a su alrededor. Con ondas, lágrimas e hilos. Hongos, látigos y espadas. Arcos, burbujas y espuma. Con abanicos y guirnaldas, el agua se ajusta al ritmo y crea figuras sublimes. También en otra modalidad, los saltos de trampolín, la explosión final del agua dicta buena parte de la nota.

Un deportista que hace de la natación un arte, Michael Phelps, veintidós medallas olímpicas, dice que el agua corre por sus venas y que pertenece a ella:*"I feel most at home in water. I disappear. There is where I belong" "En el agua me siento como en casa. Desaparezco. Ahí es donde pertenezco"*. También el inventor del surf moderno, Duke Kahanamoku de Hawái, habla de un sentimiento parecido: *"Fuera del agua soy nada"*.

Y una artista que era tan habitante del agua que la llamaban sirena fue Esther Williams, protagonista de muchas películas con temática del agua. Esther era capaz de bailar bajo el agua como Alicia Alonso sobre el escenario del Bolshoi. Parecía un ser anfibio, que no respiraba aire y que se movía en el fondo igual o mejor que un pez. Para ella el agua era su medio y así lo confesaba en su biografía: *"Vivía tiempos difíciles pero para mí era maravilloso poder ir al estudio cada día para sumergirme en esa agua maravillosa. El agua me lo curaba todo y lo sigue haciendo hoy día"*.

El roce del agua en la piel de los pocos que la sienten como los demás el aire, no es una afirmación sin fondo. Ellos sienten su tacto porque la superficie del agua funciona como su piel. Y es gracias a ella que tenemos un planeta con un clima soportable: la que distribuye el calor que se acumula en el ecuador, o atempera las frías aguas que se desprenden del polo.

También sienten el tacto del agua los seguidores del culto shinto que se practica en Japón. Los sacerdotes se sumergen en el agua, para que el *kami*, el espíritu del agua, les trasmita su energía. Lo hacen en grupos de diez o doce hombres en piscinas alargadas y enfrentadas. Están sentados y sólo sacan del agua hombros, manos y cabeza y al rato de acomodarse, el agua se queda quieta. Está completamente inmóvil, concentrada, como si formara parte de las mentes de los orantes, o estas formaran parte de ella. Agua en paz. Agua dormida.

Otro sabio oriental, Lao-tzé, autor de El Libro del Camino, el Tao-Te-Kin, fundamento de la filosofía china que da consejos sobre la forma de comportarse, dice lo siguiente del agua "*El hombre de bondad superior es como el agua. El agua en su quietud favorece a todas las cosas y ocupa el lugar despreciado por los hombres y así está cerca del tao. Su lugar es favorable, su corazón, sereno; su don, del agrado del cielo; su palabra, leal; su gobierno, en orden; en sus empresas, capaz; sus movimientos, oportunos...*"

Y no sólo a los humanos afecta el agua tranquila. También a los animales. La lluvia en la sabana africana deja la vida en suspenso. Ningún animal se mueve porque el agua actúa sobre ellos como un sedante bestial. Los predadores no cazan, los herbívoros que lo saben aprovechan para rumiar y los pájaros buscan refugio en lo más hondo del bosque.

Ya sea en los estanques de los sacerdotes shintos o en la sabana africana el agua trasmite su calma. Y también en las iglesias y templos de todas las religiones donde el rumor de la oración transforma el agua en *ben-dita*, que quiere decir *bien hablada*. Bendecida, bien dicha, a la que hablamos bien, con cariño, y así ella, en respuesta, nos protege.

Oraciones, fe, agua y milagros. Esos cuatro hechos convergen en un pequeño pueblo del Sur de Francia, Tarbes, donde la gente acude para ir a un santuario cercano, el de la

Virgen de Lourdes, cuyas aguas, según la tradición católica, son capaces de sanar. Y no es un agua especial porque se ha analizado cientos de veces y es similar a las otras aguas de la región pirenaica. Paralíticos, lisiados, desahuciados por los médicos y enfermos de todo tipo beben el agua de un manantial milagroso con la esperanza puesta en una curación total.

Y hay veces que funciona porque, según revelan los registros médicos, en cuatro mil ocasiones la oración, la fe y el agua se volvieron una sola y curaron al enfermo, aunque es imposible saber cuál de los tres elementos fue el más determinante: si el agua que proporciona salud, o la fe y la oración que proporcionan la fuerza interior necesaria para eliminar el mal.

Que el agua procura salud y felicidad es algo que los orientales saben desde hace cuatro mil años, que es la edad que tiene el viejo arte del *feng-shui*. Viento y agua. Según su filosofía, el agua es la sustancia que canaliza la energía que emerge de la Tierra y depende de cómo la coloquemos en nuestras casas o lugares de trabajo obtendremos el éxito o fracaso. Ser una buena —casi todas son mujeres— especialista en feng-shui requiere muchos años de estudio pues tienen que conocer todo acerca de orientaciones, colores, orden, alineaciones, puntos, direcciones y corrientes por donde y hacia donde debe fluir el agua. Las fuentes y las corrientes se utilizan para iniciar o ampliar el grado de bienestar en un lugar habitable creando un ambiente aireado y distendido. El agua limpia las impurezas del aire y su sonido puede aclarar la mente de una persona y liberar el stress.

Las fuentes interiores nunca deben salpicar, ni estar paradas, deben ser de agua cristalina y el sonido será bajo.

Las peceras siempre deberán tener nueve peces o un múltiplo de nueve y en el fondo se deben poner nueve monedas para atraer la riqueza. Por eso muchos restaurantes u otro tipo de negocios se adornan con peceras.

El feng-shui es una vieja tradición de China, pero existe otra cultura que siente auténtico amor por el agua: el Islam. Nacidos en el desierto, los musulmanes llevaron el sueño del agua con ellos por las tierras conquistadas. Pero al llegar a Granada el sueño se convirtió en realidad. Allí, en el corazón de Al-Ándalus, levantaron La Roja, la Alhambra, un palacio fortaleza erigido en homenaje al agua, y en cuyos patios y rincones se ve, se siente, se escucha y también se saborea

Así lo cuenta Carlos de Hita, el cazador de sonidos: *Un paseo por la Alhambra y el Generalife permite escuchar un auténtico muestrario de los sonidos del agua a medida que mana, corre y se pierde por una red de platos, sumideros y acequias que traen las aguas de la sierra"*.

Cuando los primeros nazaríes llegaron a la vega de Granada y vieron aquella colina no pudieron dejar de pensar en la visión del Yanná, el paraíso de Alláh, que significa jardín. Llegaron, se quedaron y comenzaron su obra. Lo primero: un río propio. Y construyeron la Acequia Real, un canal de seis kilómetros que corre paralelo al Darro con una suave pendiente para no agitar el agua. Cuando entraba en el recinto primero regaba los huertos y luego cruzaba los jardines del Generalife donde los surtidores crean un suave cuchicheo que acompaña al visitante entre macizos de adelfas, de jazmines y azahar. Más adelante, en la Escalera del Agua, el agua cambia de ritmo y sus sonidos varían según cae y se remansa, como una conversación con varios tonos distintos. De allí pasa hacia el Patio de Arrayanes, cuyo estanque central parece un espejo de plata donde se mira el palacio. Dentro del estanque se ven nadar las carpas rojas que parecen deambular por las paredes y techos de las salas del palacio donde se refleja el agua creando una sensación de sueño que se desvanece.

Otra corriente de agua va hacia el Patio de los Leones formado por cuatro salas enfrentadas alrededor de un patio rectangular. Allí, justo en el centro geométrico, existe una fuente circular donde brota un surtidor silencioso sobre una taza de mármol de Macael en cuyo borde se puede leer el poema:

> *En apariencia, agua y mármol parecen confundirse*
> *sin que sepamos cuál de ambos se desliza*
> *¿no ves como el agua se derrama en la taza*
> *pero sus caños la esconden enseguida?*
> *Es un amante cuyos párpados rebosan de lágrimas*
> *lágrimas que esconde por miedo a un delator*

El agua siempre llega al borde, quieta y mansa, pero nunca lo rebasa sino que emerge por las bocas de los Doce Leones, cada uno diferente al otro. Son como doce hilos de plata que caen en un canal circular del que nacen cuatro más, como los cuatro ríos sagrados, que llevan el quieto susurro del agua a cada una de las salas llenándolas de reflejos, frescura y tranquilidad.

Y además de esos lugares, en la Alhambra hay decenas de rincones donde el agua canta, chapotea, parlotea, borbotea, bisbisea, choca y en los que podemos beber el mejor agua de España, que llega de Sierra Nevada. Por eso lloró Boabdil, el último rey de Granada, un llanto de lágrimas rojas, aquel nefasto día de noviembre cuando tuvo que rendir el palacio a sus enemigos y se tuvo que marchar.

Durante casi cuatrocientos años, el agua trasmitió su mensaje de paz y felicidad a los moradores de la Alhambra, un bienestar que en los tiempos actuales, también se traslada a la calle cuando hay que festejarla. Las señales del monzón después de una larga estación seca; la hora de la cosecha o la llegada de la primavera hacen que, en muchas comunidades, la alegría se desborde por las calles y avenidas.

En el Songkram, la fiesta anual que Tailandia organiza en torno al agua, la gente desfila bailando mientras los elefantes alzan sus trompas cargadas y riegan a los bailarines. En Vallecas, un barrio de Madrid, el agua se transforma en un arma arrojadiza sin causar víctimas ni enfados sino todo lo contrario: el jolgorio y las ganas de pasarlo bien es lo que predomina mientras los vecinos se arrojan globos y cubos en un todos contra todos que dura casi todo el día. En Camboya, el festival Bon Om Took dura tres días en que los propietarios de las embarcaciones cuelgan sus mejores galas y desfilan por los ríos y canales lanzando ofrendas a un agua que les va a traer alimento y abundante descendencia. Y en Cavite, Filipinas, las avenidas se cubren de una vasta red de tubos y de mangueras por las que sale agua atomizada que empapa a los figurantes que desfilan siempre con una sonrisa en la boca.

La capacidad del agua de trasmitir alegría, la utilizaron algunos también para gastar bromas. Marcus Sittich era un príncipe arzobispo de la ciudad austriaca de Salzburgo cuya vocación nunca fue ocuparse de su iglesia y feligreses, sino disfrutar de la vida y gastar bromas con agua. Para ello, a principios del siglo XVII, ordenó construir un pequeño palacete en la colina Hellbrunn que adornó con varios juegos de agua, cada uno con un truco. Ingenieros italianos diseñaron un sistema de grutas, rincones y fuentes donde el visitante, que llegaba con ropa elegante y seca, terminaba empapado de la cabeza a los pies. Una gruta donde hay una corona que sube y baja con el agua y que mientras la miras, te calas. Otra llena de espejos con un autómata que se mueve y que mientras la miras, te calas. Un agujero en la roca del que sale la cabeza de un dragón que mientras la temes, te moja. Una larga mesa de piedra con sillas alrededor donde el bromista arzobispo sentaba a los invitados que empapaba con los postres. O un teatro en miniatura con cientos de figurillas que se mueven creando escenas de la época que captan tu atención mientras unos chorros traseros, te empapan a traición. Y detrás de todo eso el arzobispo guasón que accionaba el mecanismo y reía como un niño de diez años al ver chorrear las pelucas y vestidos de sus inocentes huéspedes.

Música, bromas y risas en honor de un agua que contagia su alegría a toda la naturaleza y que nosotros convertimos en todo tipo de bebidas. Max Laine, un artesano francés que elabora la cerveza en el sótano de casa me contó cómo ha de ser el agua para que salga una cerveza de excelente calidad: *"La buena cerveza tiene que dejar un regusto seco al fondo del paladar. Por eso es más conveniente hacerla con agua del subsuelo, por las sales y minerales que acumula. Agua que tenga una ligera dureza para que el lúpulo fermente bien. Porque la que brota del manantial de montaña es tan pura y cristalina que la cerveza no acaba de fermentar"*.

Un whisky de doce años tampoco es nada sin agua buena. Y el agua de Escocia es muy buena. La coca cola, la cerveza, los refrescos y las cuatro mil marcas de agua mineral son bebidas populares que sostienen la energía y el buen humor de la gente.

Agua mineral de moda, pero también como estafa. Cientos de marcas legales venden sus botellines de plástico como agua mineral, pero la única realidad es que los llenan del grifo, añaden sales en pastillas: magnesio, calcio, sodio..., y afirman que es natural pero sabe a medicina. Por eso no hay otra agua mejor en el mundo que el agua de manantial. Por su forma de fluir, natural e inalterada, y por unos minerales que enriquecen nuestros cuerpos. Sale fresca de la tierra y para aprovecharla bien, también hay que saber beberla. El yogi Sadhguru da los siguientes consejos en su *ashram* de Tamil Nadu, en la punta sur de India.

"El aspecto fundamental del yoga es el Bhuta Suddhi que es como conseguir un equilibrio entre los cuatro elementos que componen el cuerpo humano. Con una especial atención al agua, que ocupa el setenta por ciento. El agua es capaz de recordar emociones positivas y negativas y por eso existen ciertas formas de tratar al agua. Acá en India, en casi todos los hogares nunca se bebe agua directamente de la llave. La guardamos en un recipiente al fresco, sea de barro o cristal, al menos durante ocho horas y después la consumimos. El porqué hacemos esto es porque el agua de la tubería sale rota y sin energía, por el trato que recibe. Con cada codo, con cada giro o cambio de presión, el agua altera su estructura natural y se convierte en inservible. En cambio, guardándola en un recipiente y rezándole por la noche, el agua recobra todas sus propiedades. Y ya se puede beber. La manera de beberla es también muy importante. Se debe beber de un trago así el cuerpo determinará cuanta retiene y cuanta deja ir. Si la bebes a sorbos o en intervalos cortos, el cuerpo se confundirá porque puedes tomar más de la que necesitas y puedes tener problemas de desequilibrio de los elementos. Los que practicamos yoga tomamos agua de un trago y

no volvemos a tomar hasta que tenemos sed. Al agua siempre debemos de tratarla bien. Tanto a la que está a nuestro alrededor como la que llevamos dentro. Eso es uno de los fundamentos del yoga".

Traducido a nuestro idioma el mensaje es elocuente: ten siempre una jarra de agua dispuesta, colocada en lugar fresco. Y para beberla: en vidrio. Ni en madera, ni en barro, ni en plástico, ni en metal. El vidrio es lo que mejor conserva su sabor y estructura original. Beber buena agua es vital y el vaso más importante del día —y también el más sabroso— es el que debemos tomar antes de desayunar. Porque mientras dormimos, el agua mantiene activos el corazón, el cerebro y los demás órganos y sistemas que a la mañana siguiente tenemos que rehidratar. Así el cuerpo se dispone a afrontar un nuevo día de trabajo y movimiento.

En cuerpos bien hidratados la vida fluye mejor. En cuerpos con poca agua o con ella confundida, la información que envía nuestro cerebro o los estímulos del corazón, no fluyen armónicamente. El pesimista impregna su propia agua de energía negativa que se extiende por el cuerpo. Y como el agua es gregaria y siempre busca unirse con otras para engrandecer su masa, esa energía produce un tipo de vibración que puede contagiar a las personas cercanas. *Tiene malas vibraciones*, se dice del negativo.

Y al contrario el optimista. La energía vital de su agua, con carga muy positiva, contagia a sus conocidos porque *tiene buenas vibraciones*. Un agua bien ordenada, en armonía con nosotros y el entorno, nos facilita la vida, el fluir de la energía, la física y la vital, a través de nuestro cuerpo y produce pensamientos, sentimientos, o intenciones de forma más natural.

Nuestros pensamientos fluyen en una corriente de agua y ella es capaz de captarlos. Eso es exactamente lo que hace Lisa Park en su *performance* Eunonia. Trasmite los pensamientos a cinco tazones de agua y el agua responde a su mente con distintos movimientos. Ondas, saltos, corrimientos, discurren por una fina lámina de agua en forma de conversación que dura cerca de una hora y es visible en internet.

Agua que alimenta a todos los seres vivos, que los cuida y los protege la mayor parte del tiempo y de forma muy cabal. Pero hay otras situaciones en que todo se desmadra, surge el desorden y el caos, el agua pierde el control y entonces se vuelve loca, los esquemas no funcionan y no se puede combatir porque todo es anarquía: el Niño se ha despertado.

Con una frecuencia que aún desconocemos, pero cada equis años, la zona ecuatorial del Pacífico Oriental sufre un golpe de calor que lo descompensa todo: Las corrientes no obedecen; la evaporación explota; las mareas se desbocan y todo junto y embarullado se estrella contra las tierras. Los resultados ya los conocemos todos: inundaciones tremendas en lugares insospechados combinadas con sequías inesperadas allá donde siempre llueve; gotas frías por sorpresa; tormentas en la estación seca; marejadas sin sentido y granizadas o pedriscos en zonas que no debería. Y así, de esa forma tan violenta y si cabe traicionera la gente lo pierde todo. Viviendas, cosechas, ganado desaparecen del mapa y cuesta mucho esfuerzo y tiempo volver a recuperarlos. Es la locura del agua.

Es en esas ocasiones cuando el agua se convierte en noticia de primera plana. En el informe anual del Centro para la Investigación de Desastres Naturales, con sede en Lovaina, Bélgica, se detallan las diez catástrofes hidrológicas más devastadoras del año 2012. Las grandes inundaciones en China, la marea ciclónica del huracán Sandy, un tifón en Filipinas o la sequía en el área del sahel, causaron cinco mil muertes directas y ocasionaron setenta y dos millones de damnificados.

Son una cifras terribles, y aunque los afectados tardarán varios años en recuperar su antiguo nivel de vida, el noventa y nueve por ciento de la humanidad restante siguió su vida normal. En ese mismo 2012 en muchísimos países hubo episodios puntuales de lluvias o marejadas, pero al no causar grandes desgracias, el agua logró mantenerse en un discreto último plano. Sin noticias ni advertencias.

Y tan cotidiana se hace que, aunque la nombramos varias veces al cabo del día y la vemos muchas más: en las comidas, en el baño, en las fuentes de la calle, en el riego de los parques, o en la televisión, terminamos por olvidar que nos es imprescindible. Y a veces ese olvido es tan flagrante que no sale ni en los mapas ni en los libros y tampoco en buscadores.

En atlas y mapas mundi, las islas y continentes están pintados en colores que proyectan los relieves de regiones y países. En cambio los ríos, lagos y mares siempre son del mismo azul. Uniforme y sin matices. Y a veces ni eso porque hay mapas en que la cuenca de los océanos aparece pintada de un blanco impersonal, como si todo el agua del planeta apenas tuviese importancia. Y hablando de cartografía, hay mapas más detallados de la superficie de la Luna y de Marte que del fondo de los océanos, aunque tampoco ese nivel de ignorancia nos debería extrañar pues a la Luna hemos ido muchas veces, en vuelos tripulados o no, y a la fosa de las Marianas, el punto más profundo del planeta, sólo dos.

Y ni siquiera en los libros el agua tiene referencia propia: en la Clasificación Decimal Universal que usan todas las bibliotecas del mundo no existe un guarismo específico para el agua en general. Lo mismo ocurre con la ONU que sólo dedica un día al año, el veintidós de marzo, para concienciar al mundo del gran valor que tiene el agua. Un día. Igual que a los Vuelos Espaciales Tripulados, que si bien es una misión complicada, dura y digna nunca podrá compararse con la importancia del agua. Tampoco en los motores de búsqueda que usamos en internet el agua aparece como *trending topic*, y en muchas ocasiones una marca de refrescos tiene más resultados que el agua.

Agua y cooperación; dos palabras que sí casan. En cambio agua y negocio, chirrían. Y parece que es la moda: sacar beneficio del agua. Bernard, el zahorí francés, me contó algo chocante: *"En Francia, y en otros países, la casi totalidad de la gestión del agua está en manos privadas. La Compañía Nacional de las Aguas es una de las empresas más fuertes del país. Y es cara. Y si no pagas..., ¡¡¡¡pueden cortarte el agua!!!!*

Ya me imaginé la escena: una familia de cinco: padre, madre y tres chiquillos que, por problemas de presupuesto, no pueden pagar el agua y la compañía responsable se la corta. Una semana después encuentran a los cinco muertos y un mes más tarde los jefes de la compañía están sentados en el banquillo acusados de homicidio en primer grado.

Si el agua tuviese juicio que, quién sabe si lo tiene, hoy se avergonzaría de que una banda de criaturas que crecieron en su seno, la hayan convertido en algo con que especular

¿Lo harían también con sus madres? Creerse dueños del agua. La mayor contradicción que puede encontrarse en la Historia. Porque es justo al revés: el agua es la propietaria del destino de la gente pues con ella de aliada el mundo progresará y sin ella, morirá. ¿Pretender vender el agua?, ¿especular con el agua como el trigo y el arroz? ¿Será por esa razón que la mujer no se mezcla en ese tipo de negocios?

Y es que por lo general, los consejos de administración de esas grandes compañías están copados por hombres que hace tiempo que olvidaron que el agua que están vendiendo, a ellos les sale gratis. La lluvia que hace crecer sus cultivos o las flores del jardín, la nieve sobre la que practican sky, el mar donde se bañan sus hijos, o las cascadas que admiran cuando hacen excursiones en familia, no les cuesta ni un centavo. Nada. El agua jamás nos cobra por su labor y favores. Ella lo regala todo y en cambio ellos, los negociantes, sólo la ven como un objeto financiero de alta rentabilidad que ofrece suculentos dividendos a todos sus accionistas.

Pero esa forma de actuar nunca será sostenible y cuando, más tarde o más temprano, el agua se dé cuenta de que ahora la tratamos como simple moneda de cambio nos dará una lección que nos costará olvidar. Porque por mucho que el agua parezca un sustancia muy dócil y fácil de manipular, ella es más fuerte que todos nosotros juntos.

La fuerza del agua

"Un ejército no tiene una formación constante.
Lo mismo que el agua no tiene una formación constante.
Se llama genio a la capacidad de obtener la victoria
cambiando y adaptándonos según el enemigo."
Zun Tzu. El Arte de la Guerra. s. XXIV a. p.

"Nuestra lucha tiene la fuerza del agua."
Pancarta del colectivo *Aysén, reserva de vida*

En todos los vídeos y fotografías de nuestro planeta que llegan desde el espacio exterior se ven los dos mismos continentes: el continente azul del agua y el blanco de las nubes, que es otra forma de agua. Nunca falla. Siempre están ahí presentes porque en el Imperio del Agua no se oculta nunca el sol y domina los paisajes. Es como si ella fuera la protagonista principal de todos los reportajes y las tierras emergidas unos simples figurantes que salen de vez en cuando.

Tampoco desde esas alturas hay rastro del ser humano. Somos tan insignificantes al lado de la Gran Agua que si concentráramos todas las aguas del mundo en el mar Mediterráneo, siguiendo la misma escala la humanidad entera, los siete mil millones, cabría en una patera. Chinos, rusos, hindúes, árabes, europeos y americanos metidos en una barca, como un grupo de emigrantes camino de Lampedusa a merced de las tormentas. A merced de un coletazo que nos enviaría a pique poniendo el punto final al recuerdo de una especie que no fue más que otra etapa en la historia de un planeta dominado por el agua.

Y ya que imaginamos cosas, si un ser humano pudiese tener el mismo poder que el agua, sería casi indestructible. Pero no sería como Aquaman, ese rubiales guaperas de mallas verdes ajustadas, ligón de sirenas y nereidas, salido de la pluma del ilustrador Paul Morris allá por los años cuarenta. Era un héroe tan soso que no sólo no alcanzó el éxito, sino que ni siquiera fue admitido en la Liga de los Hombres Extraordinarios.

Sería mejor Aquawoman, ya que el agua es femenino y tiene curvas de mujer. Esta sería su historia. A finales de junio del año 2012 en la tercera planta del laboratorio Genatom, en el desierto de Nevada, la doctora Claire Sainthomas, estaba realizando un experimento con una máquina de rayos cromosómicos. Pero ocurrió un imprevisto y, en vez de dar en el blanco, el rayo le dio a ella y al poco tiempo comenzó a sufrir una extraña mutación. Sin saber los mecanismos pero por voluntad propia, al cabo de unas semanas, la doctora era capaz de separar todo el agua de su cuerpo del resto de sus componentes. Es decir, que se podía transformar en una persona de agua. Siendo un poco más pequeña que su tamaño real pero manteniendo su figura, Aquawoman adquirió las propiedades del agua. Unas propiedades que, con el paso de los días aprendió a controlar y que le llevaron a vivir y a sobrevivir a todo tipo de aventuras.

En los más de cien episodios que han pasado por mi mente Aquawoman ha espiado y delatado a políticos corruptos colándose por las cerraduras o los quicios de las puertas de sus despachos blindados. Se ha enfrentado a banqueros avariciosos que soñaban con quitarle los ahorros a toda la población. Banqueros que han enviado a sicarios que han tratado de matarla. Pero ninguno ha podido, porque aunque le disparen, las balas le atravesarían limpiamente y saldrían por el otro lado sin causarle ningún daño. Como ocurre con el agua si le pegamos un tiro. Y después de la balacera, Aquawoman contraatacó golpeando a los sicarios con puños de hielo macizo y la fuerza de un glaciar y los dejó noqueados hasta que llegó la CIA. En otra ocasión se enfrentó a una trama de prostitución de menores, cuyo capo le atacó con un moderno lanzallamas. Pero ella lo esquivó convirtiéndose en vapor de agua, después se llovió a sus espaldas y lo tumbó contra un muro con un chorro de bomberos. Nadie la puede atrapar. Nadie la puede vencer porque ella es Aquawoman, salvadora de democracias y terror de forajidos.

Eso sucedería en un mundo de ficción pero en el mundo real el agua es aún más fuerte. Las planchas del casco del Titanic eran de hierro macizo de trece centímetros de espesor reforzadas con remaches, pero una uña de hielo las rajó como papel de fumar y el barco ¿esa insignia de los mares?, se hundió en menos de tres horas. Y hablando del Titanic. Tenía casi trescientos metros de eslora y pesaba cuarenta y seis mil toneladas. En la época, ni todas las grúas del mundo juntas lo hubieran podido levantar a diez metros del suelo, en cambio el agua de las esclusas del canal de Panamá podría haberlo subido en menos de cuatro horas veinticinco metros de altura.

El agua levanta pesados barcos porque también pesa mucho. Si pusiésemos en un extremo de la balanza el agua de una piscina olímpica, en el otro lado tendríamos que poner, para equilibrarla, ochocientos contenedores cargados de trigo hasta el borde. Una cantidad que, convertida en barras de pan —cuya masa lleva agua—, sería suficiente como para alimentar un día a un país del tamaño de Irlanda.

El peso de una única piscina olímpica alimentando un país. Y si pudiésemos cerrar esa piscina olímpica con una tapa sellada que flotara sobre el agua para que no hubiese fugas, podría sostener tranquilamente la estatua de la Libertad con sus visitantes dentro. Antes que el agua colapse, colapsan los muros que la contienen. Unos muros de hormigón hechos de cemento, grava y arena, elementos que serían por si solos incapaces de sostener ni tan siquiera una mesa. En cambio cuando los mezclas con agua que sirve de aglutinante se forma, o mejor dicho aparece, uno de los materiales de construcción más duros que se conocen.

Fuerte, resistente y rica porque el agua esconde en sus fondos riquezas en oro, plata, platino y kilos de piedras preciosas, por las que suspirarían los gobernadores de todos los bancos del mundo. Lo suyo es pura calderilla comparado con lo que hay allá abajo.

Y otra fuerza diferente: las olas. El nueve de junio de 1958 se derrumbó media montaña al fondo de la Bahía Lituya, el suroeste de Alaska y al caer sobre la superficie del mar creó una ola de quinientos metros de altura, la más alta de todos los tsunamis registrados en la historia. Por suerte para los humanos la ola se perdió en el Pacifico y sólo ahogó a dos pescadores. Otros cuatro se salvaron y entre ellos Howard Ullrich que pescaba en su barco junto a un hijo de ocho años. Así contó la pesadilla: *"Sobre las ocho de la mañana escuché un gran ruido al fondo de la bahía. Miré con el rabillo del ojo y vi como una explosión atómica. Entonces vi venir una ola enorme, como una pared de agua, le di el salvavidas a mi hijo y le dije "empieza a rezar". Cuando la ola nos golpeó sentí como el barco se daba la vuelta pero, y nunca he comprendido como, de repente aparecimos al otro lado de la ola no muy lejos de la costa. Con el barco medio hundido nadamos hasta la orilla. Nunca en toda mi vida he visto nada igual y me quedé pensando qué clase de mecanismo podría causar algo parecido..."*

El mecanismo es tan sencillo que Arquímedes lo averiguó hace más de veinte siglos. Tanto entra, tanto sube. Bahía Lituya tiene once kilómetros de largo y cuatro de ancho, suficiente para meter media isla de Manhattan con todos sus rascacielos, incluido el Empire State. Y todos, sin excepción se habrían partido en dos como palillos de dientes bajo la fuerza de aquella ola gigante.

Y si las olas destruyen, el hielo paraliza todo. En 1998, en Montreal, Canadá se desató una tormenta de hielo que dejó Quebec helado. Comenzó el cinco de enero y sólo duró cinco días, pero cinco días que hicieron creer a algunos que el Infierno era de hielo. Así lo contaba la gente: *"Llovía agua, pero apenas tocaba el suelo, o un árbol, o un poste se convertía en hielo (...) Había un sonido de fondo, crac-crac-crac-crac como si todo fuese de cristal partiéndose en pedacitos (...) Cuando veías las enormes torres de electricidad retorcerse como un clip y caer, una detrás de otra, sabías que esto se iba a convertir en un gran, gran problema (...) Los árboles, arces de cientos de años, se partían por el peso del hielo. (...) No se podía salir. Las agujas de hielo, grandes y afiladas como espadas, colgaban por todos lados y si te caían encima podían matarte. Así de sencillo (...) Las carreteras cortadas, los trenes parados, los aeropuertos cerrados, las tuberías congeladas. No podíamos movernos (...) La ciudad quedó abastecida por una única línea de alta tensión. Si la hubiésemos perdido, habríamos tenido que desalojar la ciudad, quizás durante un par de meses. El gobierno realmente no sabía cómo combatir aquello pues nuestra tecnología era completamente inútil. La gran paradoja fue que si la tormenta hubiese tenido lugar doscientos años antes, no hubiera pasado nada, porque los nativos se calentaban con leña y les bastaba con quedarse en sus chozas y esperar a que acabase. Pero hoy, todo depende de la electricidad y por eso fue tan devastador. Por eso no me quiero imaginar lo que hubiera sucedido si la tormenta hubiese durado un mes o dos: Montreal abandonado".*

No llegaron a abandonarla pero la ciudad estuvo paralizada durante una semana entera. Al menos tres cuartas partes quedó sin electricidad y, sin calefacción, gas, luz ni agua corriente, más de treinta mil personas tuvieron que buscar refugio en pabellones y canchas deportivas que el gobierno preparó.

Hielo, olas, icebergs, el agua demuestra su furia de muchas formas diferentes pero, de entre todas ellas, la lluvia torrencial ha sido la más criminal. Los meses de verano de 1931 están marcados con cruces en la historia de China. Durante los meses de julio y agosto la lluvia no dejó de azotar la parte central del país y, dado que aquel invierno había sido extremadamente frío y se había acumulado mucha nieve en las laderas, esta se unió a la lluvia y terminó en el Yang Tzé. A mediados de agosto, el nivel de ese emblema natural del país estaba dieciséis metros por encima del normal y nada lo pudo parar. A lo largo de una carrera mortal arrasó regiones enteras y, en doce horas de terror barrió la ciudad de Nanjing, entonces capital de China, que quedó reducida a escombros. Cuando pasaron las lluvias y se hizo un recuento, el resultado final entre ahogados y muertos de hambre, cólera, tifus y demás enfermedades se cifró en cerca de cuatro millones de personas, más treinta de damnificados.

El agua desbocada casi siempre es peligrosa, pero hay pueblos que se enfrentan a ella desde hace muchos siglos. En Bergen, Noruega, estuvo lloviendo sin parar desde el tres de enero hasta el veintiséis de marzo de 1990. Ochenta y tres días lloviendo, más del doble que el Diluvio y sin embargo, la ciudad no se inundó.

Los noruegos son expertos en el manejo del agua pero los holandeses aún más. Primero desecando tierras y luego construyendo diques, Holanda lucha metro a metro y día a día, por ganar terreno al mar. Es un tira-afloja eterno en el que algunas veces ganan ellos y otras veces gana el agua.

El 5 de noviembre de 1530 era un sábado festivo, que ninguno festejó. Durante más de veinte horas un viento de fuerza once no paró de sacudir los diques pero cuando llegó la marea alta, esta subió cinco metros y todo se derrumbó. Esa noche el agua se llevó por delante doscientos kilómetros de diques que protegían cuarenta mil viviendas y granjas que vieron como sus cultivos y animales eran borrados del mapa junto con la vida de cerca de dos mil personas.

Dos mil muertos no son muchos comparados con el medio millón o más que costó la independencia de Bangla Desh, que ocurrió por un ciclón, el más mortal de la historia desde que se tienen registros. El siete de noviembre de 1970 nadie avisó a los habitantes de las costas de Bengala que se acercaba el megaciclón Bhola. Con una población rural, la mayor parte carente de luz y electricidad, a la gente no le llegaba ningún tipo de información y aquel día se despertaron sin sospechar ni siquiera lo que estaba por llegar.

El Bhola les cogió desprevenidos atacando por el sur con vientos de doscientos kilómetros, una lluvia horizontal que golpeaba a la gente con la fuerza de una bala y una marea ciclónica de siete metros de altura que anegó casi un tercio del país, llevándose todo con ella. En una noche dantesca que el país nunca ha olvidado, regiones enteras como las de Thana y Tazumuddin perdieron la mitad de sus habitantes y casi todas las cosechas, y barrios enteros de Dacca, la capital, volaron por los aires.

Pero transcurrida la tragedia, los veinte millones de damnificados y el resto de la población tomó las calles de Dacca, en protesta contra un gobierno, el pakistaní, que no les advirtió de nada y que, pasado el desastre, tampoco envió ayuda. Aquella pésima gestión le hizo perder las siguientes elecciones al partido gobernante y el antiguo Pakistán oriental se convirtió en Bangla Desh, un nuevo estado independiente nacido por la fuerza de un ciclón.

La furia del agua es rotunda. En unas horas se lleva el trabajo de una vida y a veces, el de generaciones. Su exceso engendra tragedias, pero cuando falta el agua, la tragedia es aún peor. Durante dos años seguidos, 1769 y 1770, el monzón no llegó al estado de Bengala y de esas lluvias de verano dependía, y aún depende, casi toda la población de esa región de India. Entre eso y la pésima administración británica, en el transcurso de esos dos años murieron diez millones de personas por culpa del hambre y la sed. Pero aquella no fue la única sequía del siglo porque catorce años después y a consecuencia de la inestabilidad del Niño, una nueva, ésta en el centro de India, mató a otros tantos millones. Desde entonces hasta hoy, la historia se repite cada diez o quince años: sobre todo en el sahel, una región golpeada cada vez más a menudo por el sol y por la arena. Se buscan soluciones, se planifican ayudas, pero cuando el agua falta no hay planificación que valga y sólo hay una manera de evitar que su zarpazo acabe con poblaciones enteras: escapar lejos. Emigrar.

Vivimos donde hay agua. En eso no hemos cambiado desde la más lejana prehistoria. Cavernícolas de antes y urbanitas de ahora, todos buscan un lugar con fácil acceso al agua. Somos aquadependientes y por eso la fuerza de nuestra especie fluye paralela al agua desde que fuimos *erectus*. Hace unos dos millones de años, cuando nuestros antepasados viajaban por las praderas y colinas asiáticas o africanas siempre estaban sujetos a una misma y eterna limitación: nunca alejarse del agua más de una o dos jornadas. Si lo hacían, sabían que en menos de una semana serían *erectus muertos*. Así que los dos grandes inventos que lanzaron al género humano a la conquista del mundo no fueron el fuego o las armas, ni la ropa o la vivienda, sino el vaso y la cantimplora, objetos que les permitieron de una vez y para siempre poder alejarse del agua.

Aquella fue la diferencia entre descubrimiento o invento y puede que el primer paso de la inteligencia humana. Porque mientras el fuego se puede encontrar en la naturaleza, las armas se pueden copiar de las garras de un león o del pico de una grulla; la ropa se puede adaptar quitándole la piel al lobo; o la choza construir imitando la estructura de un nido de tejedor..., ni el vaso ni la cantimplora existen en la naturaleza y fue precisa su invención.

De una cáscara de coco, de un huevo de avestruz, de una vaina de anacardo, o un cuenco de calabaza, la primera homínida que recogió el agua de una charca y se la bebió erguida, dio un gran paso hacia el futuro. Ya no era vulnerable cuando se agachaba a beber con la nuca al descubierto como el mono o la jirafa. Con un cuenco entre las manos, el humano bebe en pie y mientras bebe, vigila. Y lo que es más importante: ya la puede transportar.

No muy lejos porque hay que llevarlo en las manos, pero eso debió durar poco porque cuando ese recipiente se tapa y se ata a una tira de bejuco o a un trozo de liana y se encarga a las mujeres que la saquen y transporten, ya toda la tribu es libre. Libre de alejarse de los cauces de los ríos. Libre para cruzar páramos deshabitados y libre para atravesar tundras que no tienen fin. Ahora llevan el agua consigo y eso les hace más libres y también más poderosos.

Aquellas primeras familias pudieron alejarse del agua para buscar nuevas tierras y así se conquistó el planeta. Desde los territorios del Norte donde lapones e inuit se hicieron dueños del hielo, hasta el profundo desierto donde beduinos y tuaregs llegaron a los oasis donde viven todavía, el progreso de las culturas siempre dependió del agua. Y así también su salud pues la esencia de las tres medicinas más extendidas en la actualidad: la tradicional china, la ayurvédica hindú y la hipocrática griega, anclan sus raíces en agua.

En la Antigua Grecia, los templos dedicados a Asclepios, el dios de la medicina, en Epidauro, en Tricca o en Cos, se construían junto a balnearios o pozas de aguas termales, *el tholos*, donde la gente tomaba baños curativos y algunos se lavaban por primera y última vez en su vida. Hipócrates, fue seguidor de Asclepio y fundó un tipo de medicina —que hoy conocemos como medicina occidental— basándose en tres principios: reposo, dieta e higiene. Y en el *Corpus Hipocrático*, recomendaba *"lavarse con agua a menudo para gozar de salud. Y que el alimento sea tu medicina"*.

En la misma época en que Hipócrates escribía su Tratado, otro libro de medicina se estaba escribiendo en Oriente. Era el *Nei Jing*, o *Libro de la Tradición Esóterica*, atribuido a Huang Di, conocido como el Emperador Amarillo, y padre de la etnia han, la más numerosa hoy en día.

Este libro es la base de la medicina tradicional china, un libro que durante los siguientes tres milenos será comentado por una larga lista de seguidores. Éstos lo han ampliado y completado pero siempre manteniendo su principio irrefutable: que existe una relación directa entre lo que le sucede a la naturaleza y lo que le sucede al ser humano y que la enfermedad sólo surge cuando hay un desequilibrio entre ambos.

Y ambos, humanos y naturaleza, estamos compuestos por tres elementos que los chinos califican como Los Tres Tesoros, también llamadas Las Tres Raíces:

- El Jing, la esencia de los seres vivos.
- El Chi, la energía, el hálito, el aliento.
- El Shen, el espíritu.

En este esquema, el Chi, la energía vital, participa de la naturaleza del agua *"La energía del agua tiene que ver con lo profundo, con el germen de la vida. Es como un pozo de vitalidad y resistencia, una energía potentísima a la que tenemos acceso de una forma casi inmediata. De ella dependen la voluntad, la responsabilidad, el afán de vivir, la fuerza que permite el movimiento y transforma la acción en energía"*.

Unos siglos posterior al *Nei Jing* es el *Sursuta Samjita*, o Tratado de Sursuta, la base de la medicina ayurvédica, la más practicada en India. En el capítulo cuarenta y cinco: *Reglas que hay que observar acerca de los líquidos*, dice lo siguiente del agua *"El agua atmosférica o agua de lluvia posee la naturaleza del néctar: agradable y beneficiosa para la vida. Es vivificante, tonificante, antipirética, antihipnótica y neutraliza el vértigo y los desmayos. Es lo más saludable para el cuerpo humano. Después de haber caído sobre la superficie de la tierra adquiere uno de los seis sabores según sea la naturaleza de su recipiente: río hembra o río macho, estanque, depósito, fuente, manantial o tierra en barbecho (...) El agua de lluvia enteramente formada por vapor del mar y recogida en el mes de Ashvina es la mejor de las muchas variedades que tiene el agua atmosférica".*

Y a partir de ese principio da cientos de recetas para curar con el agua. Fresca o tibia. Sola o mezclada. Bebida o en paños. Dulce o del mar. Muy buena para la piel, los ojos, la garganta, los riñones y otras partes del cuerpo.

Las más sabias civilizaciones que ha dado la antigüedad supieron servirse del agua para crecer y expandirse. Ya sea como medio para conseguir salud, para obtener alimento o simplemente como medio de conquista: cortar el suministro del agua es lo primero que hace un sitiador para vencer al contrario y luego se sienta a esperar a la decisión final. O salen o mueren todos. Así de cruel. Así de fácil.

El agua proporcionó salud a los pueblos y después les dio abundancia en forma de agricultura. Fue hace unos ocho mil años, en algún lugar de Asia Menor o de cualquier otro lado, alguno de aquellos trashumantes tiró semillas a tierra y al cabo de una estación recogió el cereal. De repente existía una nueva manera de producir alimentos que garantizaba el suministro del año, pero para llevarla adelante hay que dominar el agua. Los sumerios fueron los primeros y de sus técnicas hidráulicas nos habla *El Almanaque del Granjero de Sumer*, escrito hace treinta y cinco siglos sobre una tabilla de barro y encontrado en las excavaciones de la antigua ciudad de Nippur: *"En los días de antaño el agricultor instruyó a su hijo (...) Cuando estén a punto de llenarse de agua los campos, pon atención en los diques, zanjas y montículos para que no se inunde tu campo. (...) Cuando se hayan vaciado de agua, observa que haya empapado el suelo para que sea fértil (...) Estas son las instrucciones de Ninurta, el hijo de Enlil"*.

Diques, zanjas, esclusas, presas y canales de irrigación. En poco tiempo los inventos se suceden a ritmo vertiginoso y hay pueblos que los aplican para hacerse poderosos. Como los hani en Yunán, en el sureste de China.

Los montes Ailao son una cadena de estribaciones abruptas y con forma de zigzag. Cuando llegaron los hani hace unos mil años apenas había terreno para plantar arroz junto al río, pero con el paso de los siglos fueron conquistando las laderas y esculpiendo las terrazas cultivables que aún podemos visitar. Metro a metro, hacia arriba y a los lados, con paciencia y laboriosidad los hani fueron creando un laberinto de pequeños arrozales de los que sacaban el alimento para poder progresar como pueblo y sociedad. Al cabo de cientos de años los hani lograron dominar sus montes y llenarlos de huertas colgantes de un verde cegador que suben desde el mismo valle hasta los trescientos metros. Y para regar semejante laberinto y que el agua llegue hasta las terrazas de más difícil acceso, los hani han ido construyendo el sistema de transporte de agua más complejo del planeta. Suma varios cientos de kilómetros y dibuja en la ladera todo un sistema sanguíneo. Una maraña infinita de canales de varios anchos, compuertas, esclusas, codos, acequias, tuberías y túneles que dibujan un paisaje en las laderas Ailao que parece una escultura.

Tras trabajar las laderas durante casi diez siglos, los hani han conseguido tener una superficie cultivable cercana a las veinte mil hectáreas y además muy productivas. Con un rendimiento medio de diez mil kilos por hectárea, habría arroz suficiente para dar de comer a Europa durante un año entero

Al otro lado del planeta, los aztecas no llegaron a poseer técnicas semejantes pero también, gracias a su dominio del agua, se erigieron durante más de tres siglos en potencia regional. Fundaron su capital, Tenochtitlán, en el centro de un gran lago, el Texcoco, un lugar que asombró a los españoles al verlo por primera vez. Bernal Diez del Castillo, un conocido cronista, lo cuenta de esta manera a mediados del siglo XVI "*Y allí vimos las tres calzadas que entran en Tecnochitlán. Y veíamos el agua dulce que venía de Chapultepec, de la que se proveía la ciudad. Y las puentes que tenían hechos de trecho en trecho por donde entraba y salía el agua de una parte a otra. Y veíamos en aquella laguna tanta multitud de canoas, unas que venían con bastimentos y otras que volvían con carga y mercaderías. Y veíamos cada casa de aquella gran ciudad y de todas las demás ciudades que estaban pobladas en el agua. De casa en casa no se pasaba sino por unas puentes de levadizas que tenían hechas de madera, o en canoas...*"

Otra civilización que dominó el sur de Asia fue la hindú, un nombre que proviene del río que les dio poder: el Indo. Un poder que cabalgaba a lomos de sus elefantes. Hasta ocho mil elefantes, montado cada uno por cinco arqueros, llegó a tener el ejército del rey Ashoka. Unos animales que beben cien litros de agua diarios y que ni el mismo Alejandro

Magno se atrevió a desafiar.

¿Pero qué hacía el gran general macedonio tan lejos de su amada Grecia? De Alejandro se conoce que alternaba sus ataques de crueldad y generosidad de una forma imprevisible y que su tienda real siempre estaba llena de astrólogos y nigromantes. Era tan supersticioso que a veces, el simple vuelo de un cuervo, le hacía cambiar de planes. Hay teorías que defienden que era un conquistador incansable y otras que, en realidad, la finalidad de su errático viaje por Egipto, Asia Central e India, era encontrar la Fuente de la Eterna Juventud. *La Fons Juventutis.*

El relato original viene de Calístenes, su historiador personal que siempre viajaba con él. Este relato fue traducido al latín, después a las lenguas romances y en el siglo XIII apareció con forma de cantar épico: *El Romance de Alejandro*, que en un párrafo contaba:

"Cuando Matun, el guía etíope, vio esto, se desnudó y entró en el agua tras el pez, encontrándolo vivo. Comprendiendo que aquel era "el pozo del Agua de la Vida", se bañó y bebió. Al salir del pozo, ya no sentía hambre ni preocupaciones, pues se había vuelto El-Khidr, "el siempre verde", aquel que sería eternamente joven. Pero al volver al campamento, Matun no contó nada sobre su descubrimiento a Alejandro..."

Según ese relato este episodio ocurrió en algún lugar de Egipto, así un siglo después, en 1356, el aventurero francés Juan de Mandeville viajó a ese país persiguiendo la leyenda y a su regreso escribió: *"Al pie de la montaña hay una gran fuente, noble y hermosa; el sabor del agua es dulce y olorosa, como si la formaran diversas maneras de especiería. El agua cambia con las horas del día; es otro su sabor y otro su olor. El que bebe de esa agua en cantidad suficiente, sana de sus enfermedades, ya no se enferma y es siempre joven. Yo, Juan de Mandeville, vi esa fuente y bebí tres veces de esa agua con mis compañeros, y desde que bebí me siento bien, y supongo que así estaré hasta que Dios disponga llevarme de esta vida mortal. Algunos llaman a esta fuente "Fons Juventutis", pues los que beben de ella son siempre jóvenes".*

La leyenda no paraba de crecer, pero fue en la colonización de América donde adquirió visos de realidad y hasta los mismos reyes de España la creyeron al recibir crónicas como esta: *"Juan Ponce de León acordó armar y fue con dos carabelas por la banda del norte y descubrió las islas de Bimini que están en la parte septentrional de la isla Fernandina. Y entonces se divulgó aquella fábula de la fuente que hacía rejuvenecer y tornar mancebos los hombres viejos. Esto fue el año de mil quinientos doce. Y fue esto tan divulgado y certificado por indios de aquellas partes, que anduvieron el capitán Juan Ponce de León y su gente y carabelas perdidos y con mucho trabajo por más de seis meses por entre aquellas islas a buscar esta fuente..."*

Al parecer la historia de Ponce de León no es cierta sino la revancha de un cronista con quien no se llevaba bien. Aun así el relato trascendió y un año después del viaje, Pietro Martire escribió al papa León X informándole de: *"a una distancia de trescientas veinticinco leguas de La Española, dicen, existe una isla llamada Boyuca, de hecho Ananeo, que, según aquellos que exploraron su interior, posee una fuente extraordinaria, cuyas aguas rejuvenecen a los viejos. Que Su Santidad no piense que eso esté siendo dicho liviana o irreflexivamente, pues ese hecho es considerado verdadero en la corte, y de una manera tan formal, que todos, aún aquellos cuya sabiduría o fortuna los distinguen de las personas comunes, lo aceptan como verdad".*

La eterna juventud es sinónimo de una salud excelente y esto es lo que buscamos siempre. Y si la buena salud reside en el agua que bebemos, lo lógico es que tratemos de beber la mejor agua que existe. Pero aquí también hay modas. Madonna dice que sólo bebe agua mineral de Alaska bendecida por un rabino. Y de Francia, la patria del buen comer, el agua de Evián es una *delicatessen* que toman *celebrities* de todo el mundo. También el agua de Vichy acompaña a los *gourmets*.

Pero lo *más más de lo muy muy* que se bebe hoy en los EEUU es el agua de Fidji, que se extrae de un acuífero subterráneo de esa isla polinésica. Allá abajo el agua se renueva constantemente y después de extraerla se embotella antes de que haya cualquier contacto con el ambiente exterior. Del acuífero al estómago sin que haya intermediarios. Una lástima que un agua tan excepcional la envasen en botellas de plástico porque altera su sabor.

Otra agua extraordinaria que se extrae desde hace más de cien años es la de Borjomi, en Georgia. El yacimiento se encuentra a ocho kilómetros de profundidad, es ligeramente gasada y tiene fama de excelente. También presume de excelencia cierta agua de Tasmania que es cuatrocientas veces más pura que los estándares de la Organización Mundial de la Salud.

Y no sólo bebida, también en forma de baños, el agua nos fortalece. Esto me explicó una mujer argentina que era toda una experta en termas del Cono Sur: "... *un baño en aguas termales aumenta la temperatura, la circulación linfática y la oxigenación sanguínea lo que ayuda a disolver y eliminar toxinas. Por lo demás, cada terma es diferente en compuestos y temperatura y dependiendo de esto, son recomendables para una u otra afección.*

Las aguas de las termas de Puyuhuapi son de mineralización fuerte, bicarbonatadas, con presencia de cloruros y sulfatos. Todo esto y que tienen un pH similar al de la piel, las hacen óptimas para la cura del reumatismo, las dolencias articulares y las afecciones cutáneas.

Las de El Amarillo, son aguas muy calientes que provienen del volcán que hay al costado. Allá aflora en varias pozas que se mezclan con la tierra y dan lugar a un barro líquido que es templado y nutritivo. La mezcla de las aguas sulfurosas con los minerales del subsuelo y con los restos de rocas micropulverizadas, de fósiles de animales y de plantas, les otorga unas propiedades analgésicas extraordinarias para curar el stress.

Las aguas de Liquiñé, no lejos de la ciudad de Villarica, en Chile, fluyen de la tierra a temperaturas cercanas a los 80ºC y posteriormente se templan en grandes piletas para hacerlas tolerables y agradables. Son de tipo oligometálicas, tienen una alta concentración de litio, hierro, potasio, sodio, silicio y azufre, entre otros minerales y son muy recomendables para aliviar los dolores de la menstruación.

En cambio, para los nervios mejor las Termas de Coñaripé que contienen sodio, potasio, calcio, boro y magnesio"

La fuerza que trasmite el agua no tiene comparación con ninguno de los otros medios y alguno de sus habitantes son una prueba evidente. La ballena azul es el animal más grande que ha existido jamás: puede llegar a pesar doscientas toneladas, lo mismo que cuarenta elefantes, y ser más larga que un tráiler. Y es la que habla más alto. Un barrito en Finisterre se puede escuchar en Irlanda. El pez luna es el más fecundo: treinta millones de huevos deposita en cada puesta. El krill, el más numeroso. El pez vela, el más veloz: supera al guepardo en velocidad punta. La tortuga pasa más de cien años viajando. Y el tiburón blanco es más grande que cualquier carnívoro con unos antepasados que llevan viviendo en el agua quinientos millones de años.

Y otra propiedad exclusiva: hay animales eléctricos. La anguila utiliza el agua para recargar sus pilas con las que atonta a sus presas con descargas de hasta seiscientos voltios, suficiente como parar el corazón de una vaca. Y hay peces abisales que usan su luminiscencia para cazar o atraer. Luces de muchas formas y colores creadas por unas bacterias que se recargan con agua.

La vida en el agua es más rica y no sólo en animales. También hay miles de tipos de algas: muchas son comestibles como la espirulina, un alga tan nutritiva y completa que algunos ya la conocen como *"el alimento del siglo"*. Otras se agrupan en bosques como el de los Sargazos, en el Atlántico Oeste, que es tan grande como toda Europa occidental. Y las hojas de otra alga, el kelp, pueden llegar a medir sesenta metros de largo.

Si los mares son el plasma que alimenta a sus especies, los ríos son las venas que corren por los continentes. Unas venas que son símbolo de naciones y de gentes. Egipto logró su poder por un río de aguas eternas, el Nilo, que le dio prosperidad. También se servían del agua para construir los templos y las pirámides que aún contemplamos hoy día pues sus hábiles canteros partían los grandes bloques de piedras con el agua helada de las mañanas de invierno.

Sobre las aguas del Ganges descansa la cultura hindú que es tres veces milenaria. Y otro río que nace en los Himalayas, el Todopoderoso Mekong, como le llaman allí, es vital para Vietnam, Laos y Camboya que están molestos con China porque ésta quiere levantar en la parte alta del curso, más de cuarenta represas. En el norte de Camboya la antigua civilización jemer construyó la megaciudad de Angkor cuyos depósitos, canales y sistemas de irrigación fueron los más grandes y extensos de Oriente. En China, el Yang-Tzé es adorado desde el inicio de su civilización y tiene su propio dragón; y el Volga es venerado en Rusia donde sus famosos remeros le cantan desde la antigüedad

> Hey, tirad. Hey, tirad
> Una vez más y otra vez
> Tú, Volga, nuestro río y madre
> Inmenso y profundo
> Hey, hey, hey, tirad con fuerza, tirad.

Otra conocida melodía que es casi el himno nacional de Austria y habla del color de su río, es el Danubio Azul. Y fue a orillas del Mississipi donde nació un estilo musical: el blues, que viajó a través del agua desde el Delta hasta Detroit.

Ríos que inspiran culturas y que las hacen más fuertes, sobre todo desde que se descubrió la electricidad. En la actualidad el veinte por ciento de toda la energía que se usa en el planeta proviene del agua. De represas gigantescas como las de las Tres Gargantas, la de Itaipú, Belo Horizonte o Assuan que proporcionan electricidad a millones de personas. Embalses que hay que vigilar cada minuto que pasa porque la intención final del agua es siempre seguir su camino y ahí ni ceja en su empeño ni tiene ninguna prisa.

Pero ya no son sólo las represas las que nos dan energía; ahora existen nuevas formas de producirla y llevarla. En las islas Orkley, en Escocia, se están probando unas plataformas gigantes con forma de tortuga que alojan turbinas mareomotrices. Movidas por la fuerza de mareas y corrientes, una única turbina conectada a una central puede proporcionar energía a casi quinientos hogares. Estas máquinas se instalan a lo largo de las costas y como todos los continentes están rodeados de costas, parece que tienen futuro y países como Francia, Dinamarca y Reino Unido están tomando posiciones.

Mover el mundo con agua. En industrias y automóviles: un viejo sueño que podría ser realidad si no hubiese unos intereses que no permiten hacerlo. Lo cuenta Daniel Dingel, un hombre de Manila que mueve su auto con agua desde hace treinta años. El suyo y los que le traen. Chevrolet, Buick, Volswagen, Toyota. Todas las marcas soportan la adaptación a su motor de combustión por el agua. *"La señora presidenta Cory Aquino en persona se paseó en mi Mitsubishi alimentado con agua y quedó maravillada. Me dijo que podía ser el gran invento que impulsará Filipinas a convertirse en un país desarrollado, pero cuando vio los acuerdos de su país con el Banco Mundial y el Fondo Monetario, tuvo que desistir. Estos acuerdos decían que para acceder a los créditos de estas dos entidades, vitales para Filipinas, el estado no podía producir una energía más barata que el precio de los hidrocarburos. Y es que el impuesto que cobran los estados por el petróleo, gasolina, diésel o gas, es lo que llena sus arcas. Sin él, los estados quebrarían y no podrían pagar sus deudas".*

El vehículo de Daniel no es el único de agua. Hubo otro, este en EEUU, pero con una historia digna de una película de suspense con un trágico final. Stanley Meyer vivía en Columbus, Ohio, y era un buen hombre de familia, aficionado a la mecánica, de espíritu emprendedor y con ganas de hacer plata. Motivado por la inmensa dependencia que tenía su país del petróleo de Oriente Medio, concentró todo su empeño en construir un mecanismo capaz de mover un vehículo sólo con la fuerza del agua. Y así, tras quince años de experimentos, en 1988 patentó el *Water Fuel Car*, WFC, un kit que acoplado al motor lograba que sólo consumiese agua. El impacto fue tremendo: presentaciones, conferencias, acuerdos, reuniones al más alto nivel e incluso ofertas multimillonarias.

Su buggy funcionaba delante de todo el mundo y con tanta precisión y rendimiento que hasta se atrevió a competir en una carrera en Australia de mil seiscientos kilómetros y logró llegar a meta. Después la historia de siempre: ofertas que nunca llegan, intereses simulados, juicios que pierde o que gana, e incluso alguna amenaza. Y mientras tanto Stanley defendía su proyecto con discursos como estos: *"El WFC simplemente remplaza las bujías del motor. Es un sencillo sistema que procesa el agua de manera que regula el flujo del hidrógeno dentro del inyector y lo libera de forma termoexplosiva. Con el agua como fuente de energía se acabó la dependencia del petróleo árabe y también la contaminación ambiental. Se abre una nueva era"*.

Las cosas parecían marchar bien y, al parecer en 1998 estaba a punto de firmar un suculento contrato con alguna organización cuando comiendo en un restaurante, murió misteriosamente. Un médico de la Oficina del Condado de Columbus emitió el siguiente certificado de defunción: *"Causa de la muerte: aneurisma cerebral severo. Circunstancias de la muerte: El Señor Meyer, al parecer estaba comiendo con unos oficiales de la OTAN en el restaurante Cracker Barrel. De entrada se tomó una tostada y un zumo de pomelo. Inmediatamente salió del local seguido de su hermano. Entonces vomitó violentamente y le dijo a su hermano que le habían envenenado. Instantes después murió"*.

Nunca se ha sabido lo que ocurrió en realidad. Hay gente que cree que fue una muerte natural y otros que simplemente lo asesinaron vilmente. El invento no interesa porque, como dice el escritor Alberto Vázquez Figueroa *"El éxito o el fracaso de un invento no depende de a quién beneficia sino de a quien perjudica"* Como le sucedió a Nicola Tesla cuando inventó la electricidad sin hilos o a Ruth Brown, la cura sin medicamentos. No hay futuro para ellos.

También desde otros países: China, España, Italia y otros nos llegan noticias de inventores que mueven sus autos con agua, pero todos se topan contra el mismo muro: que las naciones actuales sobreviven gracias al impuesto sobre los hidrocarburos. Petróleo, gas y gasolinas es el maná de los gobiernos del mundo y sin esos ingresos estables, sus economías y por ende, sus entramados sociales, se hundirían en el fango y sería el caos total. Por eso pasará mucho tiempo antes de que veamos máquinas y motores impulsados por el agua.

En cambio, para fabricar la bomba atómica, sí que se pusieron medios. El instrumento más letal que han construido los humanos —hasta hoy— es la bomba de hidrógeno: un componente del agua, y para construirla les hace falta deuterio, algo que se encuentra en el agua en estado natural.

El agua trasmite su fuerza a toda la especie humana que a su vez la convierte en una fuerza laboral que da empleo a mucha gente. Según los datos de la FAO, casi mil millones de personas dependen directa o indirectamente de la pesca tradicional y de la industrial, incluida acuicultura. Y según la Organización Mundial del Turismo casi trescientos millones trabajan en una actividad en la que el agua es su principal recurso. Hoteles de costa, resorts y balnearios ocupados diariamente por millones de personas que buscan la bendición del agua.

Y junto a la pesca y el turismo, existen muchos otros campos de la actividad humana que están ligados al agua: la navegación, los puertos, la salud, los deportes, la ingeniería, la construcción, la limpieza y, para poner orden al caos que puede originar el agua, otra rama muy importante: el Derecho.

En la región valenciana existe, se cree que desde la época romana, el Tribunal de las Aguas. Son ocho jueces, que se reúnen en la puerta de los Apóstoles de la Catedral de Valencia. Allí cada jueves, a las doce en punto, comienzan las sesiones públicas y a viva voz, para dirimir conflictos. Sin papeles, sin firmas, ni ordenadores. Cuando los dos litigantes han expuesto sus querellas el Presidente se dirige así al infractor: *"Este Tribunal li condena a pena i costes, danys e perjuins, en arrgle a Ordenances..."*, y pasan al siguiente caso. Sus sentencias son de obligado cumplimiento y también puede legislar.

Al otro lado del Atlántico, en Montana, desde hace casi medio siglo existe la Montana Water Court, que tiene la exclusividad de dirimir los asuntos concernientes al agua de todo el estado. En 1985 la tribu de los Pies Negros reclamó el uso del agua en el curso de los ríos que cruzan su reserva y ésta fue la sentencia:

"Caso 85-201501. Artículo 3. Parágrafo C.1.a: La tribu tiene derecho al uso directo del agua del curso natural y el de todas sus aguas subterráneas del río Birch Creek. Parágrafo D.1.a: La tribu tiene derecho al uso directo del agua del curso natural y de todas sus aguas subterráneas del área del embalse del río de las Dos Medicinas y del río Badger Creek".

Son pequeños tribunales que juzgan conflictos locales

pero tendría que haber alguno internacional que solucionase otros. Entre Chile y Bolivia hay un conflicto centenario por una salida al mar cruzando la franja en Arica. Entre Etiopía y Eritrea el conflicto es parecido. Tampoco se solucionará el conflicto en Oriente Medio hasta que no logren un acuerdo israelitas y palestinos sobre el agua del Jordán. Y en el Ártico, los problemas se multiplican. Allí no hay tratado que valga, como ocurre con la Antártida, y los países ribereños están afilando las garras para hacerse con el botín que se esconde en el subsuelo. Canadá, Rusia, EEUU o Noruega preparan sus estrategias porque el hielo retrocede y lo que sale a la luz son riquezas tan inmensas que sus mentes tan estrechas no permiten rechazar.

Pero al margen de los problemas que está originando el agua, ella proporciona trabajo a un cuarto de la humanidad y en todo tipo de campos. Y parece que habrá más. El profesor Peter Ward, científico estadounidense augura que: "...para el año 2100 la lucha contra la subida del nivel del mar será una de las mayores fuentes de trabajo en las naciones costeras".

También el agua es vital en una profesión en concreto de la que sólo nos acordamos cuando vemos emerger las llamas: los bomberos. Encontré a Chema en un bar de Tarragona. Bombero de refinería, hombre de torso compacto y mirada decidida, su trabajo es estratégico para que el país funcione. De ahí sale la gasolina, el gasóleo y todos los derivados del petróleo que usa la gente a diario: neumáticos, plásticos, asfaltos, cables, muebles o zapatos.

"Casi todo lo que ves a tu alrededor está hecho con petróleo —me decía—. Si se declara un incendio usamos todo tipo de productos, pero el agua es la que manda. Usamos tres tipos de chorros. El sólido, que sale a cuatrocientas atmósferas de presión y hacen falta al menos dos bomberos para controlar la lanza. Su chorro es capaz de derribar un muro de cemento a diez metros de distancia. Y aunque pierdas el control, nunca te puedes soltar porque la lanza es de acero y de un solo latigazo puede destrozarte el cráneo o romperte todos los huesos. Después está la cortina. Una válvula medio bloquea el agujero de salida y crea un escudo circular de varios metros de diámetro. Por ahí no pasa el calor. Ya puede hacer dos mil grados al otro lado del escudo que tú estás a salvo detrás. Lo usamos para proteger a personas o instalaciones. Y cuando el incendio es grande o avanza rápido, juntamos dos o tres cortinas y ahí detrás estamos frescos, como envueltos en una burbuja y donde el fuego no llega. Es como una infantería pero en vez de estar protegidos por escudos de acero, son de agua. El tercero es el chorro de ataque, que es una mezcla de los otros dos. Es como el sólido pero en abierto y eso nos permite avanzar a través de las llamas para poder recoger a víctimas o cerrar alguna válvula. Luego cada producto tiene su forma de apagar distinta: por ejemplo, el agua no apaga la gasolina. Puedes estar tres días tirando agua que jamás la extinguirás. Lo que hacemos es dejar que se consuma o usar espumas, como la de los extintores. Lo puedes ver en las carreras de coches".

Al fuego lo puede derrotar el agua: es cuestión de cantidad y agua siempre habrá más. Pero al calor, jamás.

Me senté en la bancada circular que rodea a El Viejo Fiel, el geiser más famoso del Parque Nacional de Yellowstone y esperé los consabidos noventa minutos para que apareciera El Viejo. Se anunció con un suave glogloteo, seguido de un intenso gorgoteo para después emerger de una manera explosiva. Del interior de La Tierra salió una columna de agua de cincuenta metros de alto y unos dos o tres de ancho de un vapor blanco espumoso que está a ciento ocho grados centígrados y que contiene unos diez mil litros de agua hirviendo en los dos o tres minutos que dura siempre la erupción.

Una erupción que refleja la guerra que, desde hace millones de años, se está fraguando allá abajo entre el agua y el calor. El agua de los acuíferos del parque rellena constantemente el conducto que se forma en la roca basáltica con intención de apagar el fuego del interior. Pero el Viejo Fiel no puede. Siempre que el agua llega a trece metros de profundidad, las altas temperaturas no la dejan progresar, la convierten en vapor y la expulsan hacia el cielo creando un espectáculo digno de un coliseo romano, en este caso natural.

Este es un pequeño enfrentamiento en plena naturaleza, pero hay otro gigantesco situado en el África Central y que el agua está perdiendo: la Batalla del Sahel. En ella, ahora mismo, se están jugando la vida millones de personas porque, desde hace ocho o diez mil años, el Sáhara cobra fuerza y se va abriendo hacia el sur. Lugares en los que antes había jirafas y leones, y los hombres se bañaban en cauces de ríos profundos, hoy ya sólo queda arena.

El calor sigue apretando, la arena avanza despacio y lo va cubriendo todo. Enfrente: gente de quince países luchando para detenerla. Y contra eso tan sólo existe un arma: el agua. Pero el agua retrocede y aunque lucha por quedarse, al final tendrá que irse si sigue avanzando el desierto. Y entonces le llegará el turno a otra gran migración, una que ya ha empezado. En los últimos diez años han llegado a las costas del sur de Europa, en pateras, en frágiles lanchas de goma o en barcos destartalados, cientos de miles de personas, hombres, mujeres y niños buscando una vida mejor. Llegan de muchos países, entre ellos Mauritania, Mali, Níger, Somalia, Eritrea, Sierra leona o el Chad. Del Cinturón de la Sed. De una frontera flotante que separa llevar una vida digna de tener que vivir sin agua. Son refugiados sedientos, la avanzadilla de las oleadas que poco a poco llegarán si no logramos que el agua vuelva a verdear el Sahel.

Pero…, ¿está perdida la batalla? No, si hubiera voluntad de enfrentarse cara a cara con el reto. Porque agua hay de sobra en los mares para poder solventarlo. Se podría construir un canal desde Ghana hasta Eritrea por encima de la gran curva del río Níger. Cinco mil kilómetros de canal abierto o en una gran tubería. Hay oleoductos más largos. Y ya lo hizo Libia con el agua del acuífero de Nubia que lleva por tuberías enterradas desde el desértico sur hasta la costa, situada dos mil kilómetros al norte. Existen los medios técnicos para construir una gran vía de agua uniendo el mar Rojo con el Atlántico, un agua que ni haría falta desalinizar porque ya hay ejemplos de gente que utiliza agua salada para hacer crecer cosechas.

En Masawa, Eritrea, se riega la salicornia y el mangle con agua del mar, y una vez crecidas, estas plantas sirven de alimento a los animales. De sus semillas se producen aceites y con la salmuera sobrante se fabrica material de construcción. También hacen lo mismo en Isla Grande, Colombia; y en Cataluña, un joven, Oriol Arnal, come sus verduras y hortalizas de un huerto que tiene en su casa regado con agua de mar. Y según muestra en su web son hermosas y sabrosas.

Agua que produzca vegetación para frenar el desierto y el avance de la arena. En África tal vez no se haga, pero en el desierto de Gobi, que avanza imparable hacia China, el trazado ya lo tienen. No habría más que construir el canal siguiendo la Gran Muralla.

En cualquiera de los casos, sería una buena solución

para ayudar a los pueblos asediados por arena y por la sed. Y, sin embargo, aunque parezca demencial, la gente hace justo lo contrario. Quema la línea boscosa que cruza África Central en incendios provocados para robar la madera, y deja el Gobi a su suerte. Aunque tampoco es extraño porque hay gente que contamina los ríos, símbolos de sus países y que vierte todo tipo de residuos en los mares y océanos.

¿Es así como trabaja una especie inteligente?

La inteligencia del agua

"La verdadera sabiduría no consiste en aprender muchas cosas,sino en descubrir aquella sola que las regula todas y en todas las ocasiones."
Heráclito

"La vida no es sino agua organizada."
Jacques Cousteau

Siente, esculpe, avisa, elige. Reacciona, se adapta, se cuida, se enoja. Huye, contrataca, decide. Es sanadora, hospitalaria, divertida y generosa pero al mismo tiempo dura, implacable y cruel ¿Estoy hablando de un humano? No. Estoy hablando del agua, que aún no sabemos qué es.

Elemento, compuesto, sustancia, esencia o ser vivo. Depende de a quien preguntes, responderá una cosa u otra. El químico repetirá el mantra que aprendió en la universidad: *"El agua es una sustancia cuya molécula está formada por dos átomos de hidrógeno y uno de oxígeno"*. El biólogo dirá: *"Es el componente principal de toda la materia viva"*. El taoísta defenderá que *"Es la esencia de la vida"*. Y Jerry Honawa, un anciano de la tribu hopi cree firmemente que: *"el agua es un ser vivo, al cual se le expresa afecto y se espera de esta forma merecer sus beneficios. Es la savia vital y la sangre de la tierra"*

Cada cual con su teoría. Ninguno es más sabio que el otro pero no logran ponerse de acuerdo porque hablan de cosas distintas. El químico habla de materia y de compuestos; el biólogo de mecanismos; el filósofo de esencias; y el anciano de la tribu hopi habla de comportamiento.

Entonces ¿qué es realmente el agua? Pues seguramente un compendio de los cuatro. Dos elementos muy fuertes, con un mecanismo —o metabolismo— propio y un comportamiento único. Algo diferente a todo pero que no logramos definir porque somos presas de un lenguaje que aún no posee el concepto que concrete que es el agua. ¿Será una sustancia viva?, ¿un organismo esencial?, ¿un elemento sensible? Nuestro conocimiento del agua aún es tan general que no podemos saberlo.

En cambio la inteligencia sí sabemos lo que es. O al menos eso creemos. Stephen Hawking, un físico paralizado que sabe mucho del cosmos define así la cualidad. *"Inteligencia es la habilidad para adaptarse al cambio"*. Y eso es precisamente lo que lleva haciendo el agua desde que llegó al planeta. Pero ¿es justa la observación o tan sólo una opinión personal? Para salir de la duda tendremos que compararla con otras.

La primera, lo que dice el diccionario. *"Capacidad de comprender, de resolver problemas. Conocimiento. Habilidad, destreza y experiencia"*. Genérico y un poco vago así que veamos que dicen en otras instituciones.

La Asociación Americana de Psicología la define como *"Habilidad de comprender ideas complejas. De adaptarse eficazmente al entorno. De aprender de la experiencia. De encontrar varias formas de razonar y de superar obstáculos mediante la reflexión"*.

Esta ya es más concreta, aun así veamos una cuarta firmada por más de cincuenta científicos. *"Capacidad mental que implica la facultad de razonar, planear, resolver problemas, pensar de manera abstracta, comprender ideas complejas, aprender rápidamente, aprender de la experiencia y comprender el propio entorno".*

Ninguno se pone de acuerdo pero hay tres puntos comunes: Adaptarse al entorno. Aprender de la experiencia. Capacidad de resolver problemas. Y los tres los cumple el agua. Entonces... ¿es el agua inteligente?

Para tratar de responder a esta difícil cuestión nos podemos ayudar de los estudios del profesor Howard Gardner, quien obtuvo el reconocimiento mundial en el campo de la psicología por su teoría de las inteligencias múltiples. Según Gardner, la inteligencia del ser humano no es única ni lineal sino que se puede mostrar de diferentes maneras. Y distinguió siete tipos: matemática, verbal, espacial, musical, corporal, interpersonal y naturalista. Y pueden ser excluyentes, es decir, que uno puede ser muy listo en un aspecto de la vida y, al mismo tiempo, un negado para otro. Un matemático puede llegar a ser Premio Nobel pero al mismo tiempo, ser incapaz de relacionarse con las mujeres. Y un gran escritor puede perderse en su casa.

Gardner encontró siete tipos diferentes pero en la realidad y en la naturaleza existirán muchas más. A menudo escuchamos que el loro y el elefante tienen muy buena memoria y que los delfines se comunican entre ellos con un complicado idioma de silbidos y chasquidos. Y tanto memoria como lenguaje son una parte integrante del concepto inteligencia, en este caso animal. De una forma diferente pero igual de efectiva busca el árbol su alimento por el aire y el subsuelo. Que una sequoia viva más de cuatro mil años ¿es pura casualidad? o ¿es debido a una estrategia que incluso desafía al tiempo? Y aparte de la animal o vegetal, aún debe haber muchas otras formas de inteligencia natural: la organizativa del coral o de la esponja, incluidos en los seres vivos aunque ambos llevan una vida mineral; y la colectiva de un enjambre o una bandada que se mueven como un solo individuo.

Pues en algún lugar intermedio, participando de todas, debería aparecer la inteligencia del agua. Es ella quien regula sus mecanismos internos y su forma de actuar para adaptarse a las circunstancias, adversas o favorables, que se le han ido presentando a lo largo de la historia. Y es una historia muy larga. De su interior emergieron las primeras formas vivas, las células más primitivas y desde entonces a hoy no ha parado de ejercer como madre del planeta. Desde el más simple plancton hasta la ballena azul, desde el árbol a las flores, el agua proporcionó los medios para que la evolución pudiese seguir la senda que la ha llevado hasta nosotros.

En aquel matraz planetario que hizo de laboratorio se fraguó toda la vida, paso a paso, con momentos aburridos, momentos peligrosos y momentos estelares como cuando aparecieron la célula, el colágeno, la fotosíntesis, el caparazón, el sexo y los ojos. Y en todos estos avances estuvo presente el agua preservando condiciones, regulando proporciones, trasmitiendo información y transfiriendo energía a velocidades quánticas. Así es como ocurrió.

⇐ Año cuatro billones antes del presente: Se rellena de agua una doble membrana flexible de grasa. Se echan azucares, lípidos, enzimas, y una pizca de sal, todas ellas sustancias que previamente se han sintetizado en otro lugar del mar, se cierra la membrana herméticamente y luego se deja libre. El resultado es una célula primitiva e independiente. Un gran paso adelante pero nada evolutivo porque son todas iguales, no se pueden adaptar y además no pueden unirse para formar organismos. Aun así, los océanos se cubren del primer fitoplancton del mundo.

⬱ Año tres billones antes del presente. El crisol sigue caliente y esta vez se diluyen en una solución acuosa tres tipos de aminoácidos que forman una triple hélice que se contrae o que se estira según cada circunstancia. El resultado del experimento es el colágeno, una especie de goma elástica que sirve como pegamento de la vida. Es el eslabón que faltaba para que dos células se uniesen, y luego otra, y luego otra hasta formar un organismo compuesto que sin él se desharía.

⬱ Año dos billones antes del presente. Las células se reproducen dentro del medio marino y como ya pueden unirse, forman microorganismos que pueblan la superficie del agua y los fondos de aguas someras. Ahí les da mucha luz y cuando llega al punto exacto de calor se produce una reacción novedosa: se alimentan de la luz y algunas dejan escapar oxígeno. La fotosíntesis se ha puesto en marcha y la evolución de la vida, en la tierra y en el mar, comienza a acelerar su ritmo.

⬱ Año seiscientos millones antes del presente. La Tierra emerge de una larga hibernación protegida por el hielo. Ya hay seres pluricelulares que se arrastran por el fango y plantas con un tallo semiduro que hay que fortalecer. Y para que todos mejoren, el agua que nunca descansa, sigue permitiendo mezclas. Ahora entra en el matraz calcio, carbono, fósforo, proteínas y colágeno. Se agita con las mareas, se endurece con el calor que emerge en las chimeneas hidro-termales y el producto resultante es tan duro y consistente que a los animales que lo sintetizan les sirve de caparazón.

Es una nueva estrategia para poder defenderse de otros que quieren comerles. Y esa combinación luego se irá al interior, dará origen a los huesos y a todos los vertebrados. Aquello fue un descubrimiento genial y un avance definitivo para el reino animal, pues no sólo los dota de un esqueleto muy fuerte sino que cuando el animal muere, las sustancias que lo componen se desintegran en un polvo cálcico que puede regenerarse y volver a formar huesos. Y todo ocurre en el agua. Eso no es inteligencia, eso ya es perspicacia, que es un nivel superior de cualquier mente pensante.

⮌ Año quinientos millones antes del presente. La carrera evolutiva lleva un impulso imparable pero se topa con un grave inconveniente. Los organismos se reproducen de una única manera: la mitosis, la división celular y con eso no hay avance. Es imposible adaptarse a los cambios exteriores, algo que el agua consigue desde su más tierna infancia. Así que en un entorno acuático, unos especímenes, que luego llamaremos hembras, desarrollaron órganos femeninos y óvulos y otros, que luego llamaremos machos, el esperma que podía fecundarlos. Sin contacto físico posible, la relación existió sólo a través de un agua que facilitó el medio para la fertilización.

Fue la forma más primitiva de reproducción sexual y que hoy podemos contemplar en la Gran Barrera de Coral que se extiende por el oriente australiano. Allí, una vez al año y coincidiendo con la luna llena, los corales llenan el oscuro mar de un líquido blanquecino y viscoso formado por los óvulos y el esperma que emergen de cada coral y que, una vez fecundados, harán más grande la Barrera. Todavía no sabemos cómo logran ponerse de acuerdo para el instante supremo, si es por orden de la luna, o por una orden del mar, pero ahí, en el vientre templado del agua fue donde tuvo lugar el gran truco evolutivo. Un truco que la mayoría de los peces siguen practicando hoy pues todavía se reproducen dejando flotar en el agua sus óvulos y el esperma.

  ⮔ Año cuatrocientos millones antes del presente. Ya hay miles de tipos de plantas y otros tantos de animales, todos de formas extrañas y, a día de hoy, extinguidos. La especialización avanza y para orientarse en las aguas turbias de los fondos, hay que mejorar los sentidos. Y así, ciertas células de la cabeza se hacen fotosensibles, son sensibles a la luz, una ventaja esencial que hay que desarrollar. Y para hacerlo esos seres escogidos crean bajo la piel un globo lleno de agua en cuyo fondo se alojan los conos y los bastones que transforman los impulsos de la luz en imágenes concretas. Los peces que tienen vista superan a los que no y se hacen con el mundo. Son los mismos animales acuáticos que millones de años después, alcanzarán las orillas y poblaran continentes.

Así es como logra el agua hacer que la vida prospere, pero esa es la parte fácil porque la parte difícil es defender sus dominios de las graves amenazas que le llegan desde afuera. A lo largo de su historia nuestro planeta ha vivido tiempos de atmósferas cambiantes, invasiones de metano, diluvios de ácido sulfúrico, tormentas de rayos gamma o rayos ultravioletas, o miles de cambios climáticos, y de todos, el agua ha salido indemne. Y entre ellos, del peor: cuando la Tierra se heló.

Fue hace unos seiscientos millones de años cuando

nuestro planeta quedó convertido en un Gran Congelador. A este tiempo se le conoce como La Bola de Nieve y duró cien millones de años en los que el agua tuvo que soportar ella sola la defensa de la plaza. El mundo era una Antártida global con una capa de hielo que variaba entre uno y varios kilómetros de espesor cubriendo mares y tierras. Pero fue gracias a eso que el planeta no murió. La gruesa coraza blanca lo aíslo del cero absoluto que venía del espacio y preservó el calor del núcleo, mientras que debajo del hielo, en océanos polares, muchas especies marinas lograron sobrevivir y tuvieron descendencia. Esta anómala alianza de frío y de protección es algo que no sucedió ni en Marte ni en la Luna, donde no hubo agua suficiente para cubrirlos enteros y el frío sideral devoró hasta el último gramo del núcleo convirtiéndolos en zombis.

Millones de años después de que la Tierra se helase, el núcleo terrestre acumuló el suficiente calor como para romper su encierro a través de los volcanes y el agua se liberó y regresó a sus tareas. Las especies se multiplicaron: cien, mil, diez mil, hasta llegar al Cámbrico, el periodo en que los océanos se saturaron de vida y cuyos fósiles descubrió Charles Walcott un frío día de invierno bajo una fuerte nevada en los barrancos de Burgess Shale. Plantas, árboles y animales proliferaron en aquel paraíso arcaico que a la postre también fue provisional porque un día de finales del Pérmico estalló todo en pedazos y hasta el agua estuvo a punto de perecer asfixiada.

Fue la tercera extinción, la bien llamada Gran Muerte, que se originó en Siberia. Una hilera de volcanes desde el Baikal hasta el Volga estuvieron escupiendo lava basáltica durante milenios y eso provocó el caos. Vincent Cortellot, de la Universidad de París, uno de los descubridores del hecho describe lo que ocurrió: *"Probablemente se vería una cortina de fuego rojo emergiendo una milla de alto en la atmósfera que se extendería desde el principio hasta el fin de Siberia. Unas erupciones tras otras, y tras otras, durante cientos de miles de años"*.

Con tanto gas en el aire, la atmósfera terminó por saturarse de dióxido de azufre que, mezclado con el vapor de agua, se convirtió en una lluvia de sulfúrico interminable y compacta. Una lluvia tan letal que convirtió el continente Pangea en un lodazal crematorio. Los bosques, las plantas, la hierba: todo se murió quemado y detrás los animales. Los herbívoros se quedaron sin pasto, los carnívoros sin presas y así fue como el noventa y cinco por ciento de las especies terrestres sucumbió a la gran hambruna. También la vida marina estuvo a punto de hacerlo. Con la atmósfera colapsada y los vientos detenidos, las corrientes se pararon y el mar casi se asfixia. Aquel Océano Pérmico se cubrió entero de azufre mientras que, desde el fondo, grandes bolsas de metano emergían hacia arriba consumiendo el oxígeno de un agua que no podía respirar. Y con ella sus habitantes: más del noventa por ciento de las especies marinas se extinguieron, el agua se convirtió en una extensión viscosa de un tono verdín oscuro y el fantasma de la Muerte Total planeó sobre La Tierra.

Pero cuando ya faltaba poco para llegar al peor final posible, los cráteres se cerraron, las nubes desaparecieron y llegó la luz a un mar que pronto volvió a respirar. Entonces, aquella máquina detenida que había estado a punto de morir, hizo *reset* y reinició sus sistemas. Primero restableció la energía, reactivó las conexiones y reprogramó sus ciclos con un lenguaje binario que, en vez de unos y ceros, lleva oxígeno e hidrógeno. Después recuperó las sinapsis que viajaron por el agua como nuestras ideas viajan por el cerebro a través de las neuritas, y la vida en el planeta resurgió aún con más fuerza.

Regresaron las nubes, las tormentas y el poder de la Gran Lluvia volvió a regenerarlo todo. Esa fue una gran victoria, la más pírrica de todas, pero fue gracias a ella que hoy podemos contarlo. Después hubo muchas otras batallas a las que el agua se enfrentó, pero fueron batallas menores que no pusieron en peligro su larguísima existencia.

Cuatro eones lleva el agua luchando contra las adversidades y protegiendo la vida y cuatro eones venciendo pero..., ¿cómo logra hacerlo siempre? ¿Qué mecanismo utiliza?

Principalmente su estructura. El agua líquida está compuesta de unas gotas microscópicas que se pueden organizar de casi infinitas formas. En cada una de esas gotas caben quintillones, sixtillones de moléculas que contienen información variada del entono donde están: temperatura, atracción, afinidad, dirección, deseo, sonido, fuerza o capacidad. Las gotas se agrupan en *clusters*, racimos en español, que son estructuras geométricas compactas y variables que emiten información pero que a la vez reciben la que le llega de al lado. Los racimos forman capas en sentido horizontal dando a la masa de agua la estructura de un milhojas, en el que la información fluye en todas las direcciones y a tal velocidad que el agua reacciona al instante ante cualquier contingencia.

Ante un susto, se congela y sientes el frío en la piel; ante una noticia triste, el agua triste desborda y se derraman las lágrimas; y ante el amor, hierve, como le ocurre a Julieta.

El intercambio de toda esta información corre a través de estos nódulos hiperactivos que nunca nunca descansan y aunque no sabemos con exactitud cómo es esa estructura, hay gente que se arriesga a lanzar una teoría. Linus Pauling, Premio Nobel de Química en 1954, dice que: *"el agua es un polímero constituido por cinco moléculas de H_2O colocadas en los cinco ángulos de una pirámide de base cuadrada"* Lo que equivale a decir que cada molécula está siempre en contacto con otras cuatro, como si fuera un campo infinito de pirámides de Egipto superpuestas unas junto y sobre otras.

La gran paradoja de Pauling es que los ángulos de sus pirámides acuáticas coinciden con los de la pirámide de Keops y entonces algunos suponen que aquellos antiguos egipcios conocían la estructura del agua. Extraño, pero no definitivo porque otro profesor piensa que los *clusters* del agua son tetraedros perfectos, y otro que son icosaedros y que tienen veinte caras.

Sea cual sea la forma, lo que almacena es enorme y sólo con cinco o seis de estos *clusters*, algo que ocuparía una parte muy pequeña de la cabeza de un alfiler, superarían la memoria de todos los ordenadores que maneja el ser humano. ¿Quinientos gigas? ¿Tres terabytes a cuarenta mil hertzios? Eso lo lleva una gota y lo puede trasmitir en un destello a la otra.

Este modo de funcionamiento difiere mucho del nuestro pues, en los seres humanos hay un órgano central, el cerebro, desde donde se dirige todo el cuerpo y sus funciones. Percepción, orden, reacción: es la secuencia natural que rige nuestros movimientos. En cambio, el agua no funciona así porque en ella cuerpo y cerebro es lo mismo. Todo trabaja a la vez y de forma coordinada, instantánea y eficiente.

Esa forma de actuar del agua la podemos ver en algunos de sus habitantes, como los arenques o sardinas, que se mueven en cardúmenes compactos que funcionan de forma sincronizada. Pero eso sucede en el mar y allí es difícil apreciarlo, así que si queremos verlo a simple vista tendríamos que irnos a Roma a finales del verano y mirar hacia su cielo. Allí es donde y cuando convergen las bandadas de estorninos que se dirigen a África en su vuelo migratorio, unas bandadas compuestas por cientos de miles, o millones de ejemplares, que actúan de una forma muy parecida al agua.

Mediante impulsos o pulsos que cada individuo recibe del que va al lado suyo, la bandada vuela tranquilamente en una misma dirección formando un grupo homogéneo. Se mueve en tres dimensiones, las mismas que utiliza el agua, y por eso los podemos ver *nadando* en el atardecer romano hacia arriba y hacia abajo, hacia el Norte o hacia el Sur en un movimiento ondulado e inestable que recuerda al de las olas. En cambio, en cuanto la gran bandada advierte una amenaza cercana o un peligro potencial, un halcón o algún objeto, se divide en dos, tres o cien subgrupos para poder esquivarlo. Y así, separada en varias partes y haciendo unos movimientos bruscos que recuerda a las rompientes, siguen evolucionando cada uno por su lado hasta que pasa el peligro y vuelven a reagruparse. Y si hay obstáculos grandes, edificios o torretas, la bandada los evita y busca un camino mejor. Retrocede, avanza o gira en un ballet acompasado del que todos forman parte porque allí no manda un cerebro ni hay un líder que decida.

Como sucede también en los peces, uno de los individuos, entre todos los millares, detecta una anomalía y lo comunica al resto mediante un tipo de señal que aún desconocemos: guiño, trino o aleteo. El de al lado lo recoge, a su vez lo pasa al otro y así hasta el último ejemplar de un grupo que al final, se mueve al mismo compás. Y todo sucede al instante: causa, mensaje y acción, en un movimiento uniforme que pone a salvo a la bandada, y que no es más que una pura imitación de cómo se comporta el agua.

A veces ese comportamiento acuático y animal también se da en los seres humanos, sobre todo cuando se concentran en grandes aglomeraciones. En ellas, la muchedumbre se mueve de forma sincronizada y cada individuo del grupo avanza, gira o se detiene como acatando una orden que le llega del vecino. Es como un pulso común, anárquico pero organizado, que crea una forma de ola que en este caso se mueve sobre el asfalto o la tierra.

Pero hay una diferencia muy grande entre estos seres y el agua. Unos tienen corazón, una fuente de energía que le permite bombear sangre y moverse aunque con fecha de caducidad. Y eso no le ocurre al agua: ella obtiene la energía de su propio movimiento causado por las mareas, los vientos, la rotación de la Tierra y hasta del calor del sol. Es como un motor perpetuo que se autoalimenta solo y que le permite mantener una actividad constante, algo que no sucede ni en sardinas ni estorninos ni en humanos. Su corazón envejece con el paso de los años, sus energías se extinguen y al final se mueren todos, mientras que el corazón del agua sigue latiendo con fuerza a través de las edades porque no se cansa nunca.

El agua avisa, reacciona y ejecuta, en un proceso infinito que, a pesar de lo complicado que parece, dura milésimas de segundo. —Por aquí se puede ir. Esto es lo que hay que hacer —advierte la primera gota y lanza la información al resto del equipo que la recibe al momento y que actúa en consecuencia. Una forma de actuar que podemos apreciar siguiendo el curso del Río Amarillo a lo largo de su historia.

Hace millones de años, el Huang-Ho —el Amarillo— era un río sin sobresaltos que nacía en las laderas del Tíbet y bajaba casi en línea recta hasta el Golfo de Corea, cinco mil kilómetros al este. Pero en algún momento del pasado ocurrió un accidente geológico: un movimiento de tierras, un terremoto, o la formación de un nuevo cordón montañoso que interrumpió su curso y lo dividió en dos tramos. El cauce superior quedó bloqueado a la altura de la actual ciudad de Langtzhou, mientras que el inferior se unió a otro río, el Wei, para juntos alcanzar el mar.

Pero el curso superior nunca se conformó con morirse en las arenas o en un recién nacido lago, así que desde el día siguiente al bloqueo, sus aguas comenzaron a buscar su vieja salida hacia el este. Gota a gota. Metro a metro. Sin importar las distancias ni el tiempo que podían demorar, las gotas de la vanguardia fueron abriendo la trocha hasta encontrar el camino que las llevara hasta el mar. Mordiendo la tierra seca, buscando posibles atajos, desmoronando barreras o excavando pasadizos, así fueron explorando parajes desconocidos mientras el cauce detrás las seguía a borbotones. Primero en dirección norte. Seiscientos kilómetros a través de tierras baldías y llanuras de loess. Luego de nuevo hacia el este: trescientos kilómetros corriendo por anchos valles y angostos desfiladeros. Y luego, por fin, de nuevo girando hacia el sur, otros seiscientos kilómetros hasta volver a encontrar el cauce antiguo del río. Varios millones de años debió de costarle al agua encontrar su vieja ruta pero al final lo logró. A este gigantesco rodeo de mil quinientos kilómetros de largo lo llaman el Bucle de Ordos y es el arduo trabajo que tuvo que acometer el río hasta volver a Tongguan, una población que está a quinientos kilómetros en línea recta de la ciudad de Langtzhou. Una grulla tardaría siete horas en llegar volando recto hacia oriente y, en cambio, el agua tarda seis meses.

Analizar, trasmitir, disponer y actuar: es la forma de ser del agua que está escrita en su ADN, un ADN por cierto, que tampoco es como el nuestro. El nuestro esta encadenado, tiene forma de hélice, sus componentes son fijos, los genes, y sólo las mutaciones que ocurren de vez en cuando le permiten variar. En cambio el del agua es libre y aunque sólo tiene dos genes, los átomos que la forman, estos se pueden componer, descomponer y recomponer según tenga que actuar ante cada situación concreta. Es el carácter del agua y dado que los seres humanos somos *"acuarios marinos con un setenta por ciento de agua"*, según opinaba Quintón, nosotros hemos heredado parte de ese carácter. El actuar como grupo, el estar en movimiento, el afán de exploración, la búsqueda de libertad, la violencia al defenderse, el poder de la memoria, la manera de olvidar diluyendo los recuerdos, el carácter cambiante, la facultad de adaptarse... y quien sabe cuántas más. Es la clave de la vida. Porque así como el agua busca su supervivencia en el medio natural sin detenerse jamás, así es el ser humano.

Este es el método que lleva aplicando el agua ante cualquier contratiempo desde la época de la *acreción* hasta el presente industrial. Y si en un tiempo fueron el frío, los volcanes o meteoritos los que cambiaron casi de repente la antigua faz de la Tierra, hoy hay nuevas amenazas que el agua debe encarar con la intensidad de siempre. Ahora en concreto son cinco: el aumento del calor; los vertidos de petróleo; la invasión del plástico; los venenos y pesticidas; y las fugas radiactivas. El problema es que los cinco se están dando al mismo tiempo y por eso el agua se tiene que enfrentar a ellos de manera simultánea. Pero como cada reto es diferente y con características propias, el agua tiene que utilizar en cada caso concreto la solución más precisa. Son estas:

1.- El aumento del calor. Es lo que todo el mundo conoce como *cambio climático*, un accidente planetario de carácter circunstancial al que el agua no hace caso, ni tan siquiera se inquieta pues lo ha vivido miles de veces antes y conoce el resultado. En un mundo más caliente las lluvias aumentarán debido a la intensa evaporación del mar; se alterarán las corrientes y las grandes reservas de hielo se derretirán, haciendo que el nivel del mar suba entre diez y cien metros: depende. Y esto son buenas noticias para los habitantes del agua que vivirán una época de progreso y abundancia. Con más espacio para todos y enormes cantidades de nutrientes provenientes del deshielo y de aluviones terrestres, la vida marina podrá recuperarse de la extracción exhaustiva a la que está sometida en los tiempos actuales.

Pero lo que son buenas noticias para unos, serán malas para otros porque los habitantes terráqueos vivirán horas terribles. Con menos espacio seco a su disposición, las avalanchas migratorias hacia las tierras más altas alcanzarán proporciones gigantescas y crearán grandes conflictos, algunos resueltos con armas. Unas tierras asoladas por sequías devastadoras, por poderosas tormentas y por inundaciones bíblicas que traerán horror y hambrunas. Y mientras eso sucede en la tierra, la lluvia y los océanos se limpiarán mutuamente y así estarán preparados para, cuando el ciclo de calor termine, regresar a su punto de partida, atemperar el planeta y crear las condiciones para que las nuevas formas de vida tengan una oportunidad.

Los cambios climáticos, ya sean causados por la naturaleza o por agentes externos, son sucesos planetarios que el agua ya ha sufrido muchas veces y que, lo mismo que con el petróleo, ella sabe manejar muy bien.

2.- Los vertidos de petróleo. Por estos tampoco el agua se inquieta mucho ni les tiene ningún miedo ya que los conoce bien. Los encontró por primera vez en la era Paleozoica, hace cuatrocientos millones de años, cuando los restos de bosques arcaicos se transformaron en carbón y este después en petróleo. Un petróleo que en esos tiempos antiguos manaba a ras de tierra y se mezclaba con el agua de manera natural. Y por eso, desde entonces, el agua usa la misma técnica para deshacerse de él: lo concentra y lo devuelve.

El diecinueve de noviembre del año 2002, una tartana flotante con nombre muy pretencioso: *Prestige* se partió en dos mitades a doscientas millas al oeste de Finisterre, frente a la costa gallega. El barco transportaba setenta y cinco mil toneladas de crudo sin refinar y, al momento de partirse, unas cuarenta mil quedaron flotando en el agua. Y cuando el mar lo sintió, reaccionó de la misma forma que lo viene haciendo desde aquel lejano día en que encontró al petróleo. Primero lo concentró en grandes y pequeñas manchas negras que situó en la corriente y después lo devolvió a sus legítimos dueños: los hombres. La maniobra fue fácil y sólo le tomó unos meses. Despacio y tranquilamente las corrientes empujaron los miles de toneladas hasta la costa cercana y mientras lo devolvía, las olas rugían su ira en un idioma marino muy fácil de traducir:

—Ahí tenéis vuestra mierda.

El chapapote llegaba en oleadas sucesivas, regulares e inviolables, cubriendo las playas y los paseos con una costra viscosa, negra y venenosa que ahogaba cualquier modo de vida. Era como si en cada marejada, las olas les recordasen: *"También esto es vuestro"*.

Así fue como el agua devolvió la mercancía, aunque sólo la mitad porque el resto la ha convertido en unas pelotas negruzcas que se hunden con su peso hacia el fondo de un abismo de tres kilómetros de profundidad donde hace un frío glacial. Y allí siguen, a merced de los psicrófilos, pequeños organismos que se comen cualquier cosa, o de especies carroñeras que pululan por el fondo alimentándose de todos los restos que encuentran. Ocurrió con el *Amoco Cádiz*, el *Urquiola*, el *Exxon Valdez* o la plataforma *Deepwater* cuya fuga contaminó el litoral caribeño. Y en todas las ocasiones el agua actuó de igual forma y eliminó al invasor.

Y respecto al destino del casco, el agua tiene otra solución drástica acompañada esta vez de su aliada de siempre: la sal. El agua salada irá corroyendo el hierro hasta que dentro de diez o veinte mil años, de aquel gran petrolero orgullo de su armador, ya no quede ni una brizna. Todo el hierro transformado en mineral. No hay más que ver al Titanic, que sólo lleva cien años reposando en su gélida tumba de cieno y ya se puede atisbar un estado lamentable ¿Que quedará de ese mito dentro de otros diez mil años?

Pero ¿quién pagó los platos rotos del *Prestige*? Los de siempre. Las familias y los pueblos, ajenos a aquel negocio, que vieron como su medio de vida ancestral quedaba cubierto de negro y sus frágiles economías minadas durante años. Eso causó aquel naufragio: ruina de las familias, destrozos medioambientales, millones de euros gastados y una crisis política de la que aún se habla hoy. Y mientras los europeos se lamentaban de su mala fortuna y de su nefasta gestión, el agua cerraba la crisis y dirigía sus fuerzas hacia otros cometidos, algunos muy delicados.

3.- Los vertidos de venenos y pesticidas. La lucha del agua contra estos nuevos invasores presenta también nuevos retos ya que, en algunos casos, son compuestos sintéticos que el agua no conocía. Así que, para combatirlos, y en espera de encontrar una solución mejor, el agua está utilizando la misma técnica primitiva que usa contra el mercurio y otros metales pesados: dispersarlos. Y así es como se enfrentó a los dos peores vertidos que hubo en el siglo XX: en Mimimata y el Rhin.

En 1956 la compañía petroquímica Chiasso, debido a una grave negligencia en materia de seguridad, vertió ochenta y una toneladas de mercurio en la bahía de Mimimata, en la costa noroeste de la isla de Kuyshu. Japón. Como era habitual los responsables mintieron sobre el tipo y la cantidad del escape hasta que, a los pocos meses, la población de la costa comenzó a sentirse extraña. La bahía se cerró, se prohibió toda la pesca y los especialistas comenzaron a realizar análisis de la zona y de las personas con resultados estremecedores. Los niveles de mercurio en el mar superaban veinte veces el máximo permitido, los peces y algas estaban contaminados a muerte, mientras que los habitantes presentaban graves síntomas de envenenamiento. Alteración sensorial en las manos y en los pies; decaimiento de la vista y el oído; temblores; problemas de coordinación; espasmos; fetos con malformaciones y en cien casos, la muerte a los pocos meses.

Se tardaron casi cincuenta años en conocer las consecuencias finales del accidente pero fueron desastrosas: más de dos mil personas afectadas, de ellas más de cuatrocientos muertos; el nombre de una nueva enfermedad: el mal de Mimimata; y una bahía envenenada ¿durante cuantos años? No muchos. Quizás cincuenta o cien más, porque la cantidad de mercurio, aunque pareciera enorme, para la masa de agua era una pequeña peca. Ochenta y un toneladas caben en la mitad de una piscina olímpica y en el Pacífico caben billones de piscinas como esa. Así que, como el mercurio no es soluble, y eso lo sabe muy bien porque es un viejo conocido suyo, el agua lo dispersó en un océano cuya extensión ocupa lo mismo que todos los continentes juntos. Y allí permanece el metal: flotando en pequeñas gotas o pegándose en las plantas, en los lodos o en la piel de algunos peces, que devorados por otros, un día llegarán a las mesas y menús del responsable final.

El segundo envenenamiento del agua más grave del siglo pasado ocurrió en Basilea, Suiza, en 1990, cuando una fábrica de la firma química Sandoz (hoy absorbida en Novartis) situada a orillas del Rhin, vertió veinte toneladas de productos tóxicos al río. Detergentes, herbicidas y pesticidas, algunos muy venenosos, se mezclaron con el río cuya vida tardó muy poco tiempo en morir. Las plantas se pudrieron y los animales desaparecieron desde Suiza hasta Holanda, incluyendo su red de canales que quedaron convertidos en esteros navegables. Ni peces ni vegetación ni limos podían usarse para nada. El vino blanco del Rhin tuvo que cambiar de agua y los cultivos y la ganadería tuvieron que buscar nuevas tierras sufriendo reveses enormes.

Pero el agua es incansable y la que hay en el interior de

los Alpes tan poderosa y nutritiva que es capaz de regenerar cualquier superficie muerta. Desde los manantiales alpinos que dan de beber al Rhin desde tiempo inmemorial surgen millones de litros diarios que acabaron por arrastrar las sustancias venenosas hasta el lejano mar del Norte. Y desde allí hacia el Atlántico donde flotan aún dispersos en su fría inmensidad.

Así es como terminaron todos, pesticidas y herbicidas, tras veinte años de viaje, los que empleó el agua en lavar aquel desastre. Pero la historia acabó bien porque hoy el Rhin vuelve a tener fauna y flora y les ha dado una lección a los europeos del norte, quienes a partir de entonces se muestran más respetuosos con un río mitológico en cuyas orillas se fundaron sus pueblos y sus naciones.

Por cómo trata estos venenos y el resultado final, se ve que la técnica de dispersión funciona. En treinta años en el Rhin y en sesenta en Mimimata, los niveles de pesticidas y de mercurio ya están en cifras normales aunque por precaución racional todavía no se pesca. Sin embargo con los plásticos, la estrategia de dispersión no funciona en absoluto.

4.- La invasión del plástico. Este sí que es un difícil reto al que se debe enfrentar el agua por dos razones de peso. Primera porque el objeto invasor no tiene un siglo de vida y aún no ha tenido tiempo de conocerlo a fondo; y segunda, porque los plásticos están formados por polímeros sintéticos que, aunque sean de derivados del carbono, algunos son muy dañinos y difíciles de disolver, como el bisfenol A. Así que, para luchar contra esta moderna plaga, el agua utiliza por ahora la mejor forma que ha encontrado: primero los tritura como en una batidora y después, con la ayuda de una nueva fuerza que está creciendo en sus dominios, los devora y se los traga.

En el Pacífico Norte, entre las islas Hawái y las Aleutianas existe una corriente circular, un vórtice o remolino, en la que a todo lo que entra le es imposible salir: *el Pacific Gyre*. La extensión del remolino es similar a Argentina y allí dentro se están concentrando tales cantidades de deshechos plásticos que algunos ya le llaman isla. *A plastic island*. Pero no es una isla sólida sobre la que se puede caminar sino algo más traicionero: es una sopa dispersa que se mueve bajo la superficie y está compuesta de una especie de *confetti* de tamaños y colores varios, de pólipos gelatinosos y serpentinas viscosas con la textura de esponjas a las que se adhieren colonias de mejillones que deben ser hipertóxicos.

Los reporteros de *Vice* han recorrido la zona y, aunque a primera vista el mar parece grandioso, cuando alzaron las redes sacaron, junto a esa *sopa de confetti*, una serie de objetos que normalmente se encuentran en los vertederos de cualquier ciudad del mundo: flotadores, botellas, cepillos de dientes, restos de redes o neumáticos en estado de descomposición. Hay mucho plástico sí, pero la mayoría ya está triturado por el agua, que en su constante vaivén, noche y día sin parar, lo está haciendo picadillo.

Pero no es sólo el Pacífico, también en el mar de los Sargazos, en el Atlántico Medio, hay otra isla de plástico de mil kilómetros cuadrados, ésta bajo vigilancia. La doctora Tracy Mincer la está monitorizando desde hace algunos años y ha encontrado, por sorpresa, unos huéspedes inesperados entre el *confetti* plástico. Inesperados y hambrientos: las bacterias comeplásticos: *"Es como si arrojases un trozo de carbón caliente de una barbacoa al hielo. Lo ves desaparecer derritiéndose* en las paredes exteriores de las células de la bacteria. *Simplemente están devorando el plástico. (...) En tierra ya existían pero es la primera vez que se detecta en el mar (...) Es otro mecanismo de la naturaleza para devolvernos el plástico que tiramos".*

Otra colega de Tracy, la doctora Linda Amaral puntualiza: *"Ahí abajo hay un nuevo mundo, toda una plastiesfera, que nosotros hemos creado para bien o para mal. Si esos organismos pasan a la cadena alimenticia es crítico saberlo porque los primeros análisis revelan que estas bacterias comparten genes con la bacteria del cólera. Y eso ya es peligroso pues las corrientes marinas y los vientos transportan el plástico por todo el mundo y ningún lugar puede escapar de los efectos de la actividad bacterial".*

Quien sí que está convencido de que los plásticos ya han entrado en la cadena alimenticia es el profesor Frederick Von Saal, quien previene: *"Estamos fabricando una media de tres mil quinientos millones de toneladas al año de un plástico no reciclable que ¿dónde acaba?: en el medio ambiente. Hay estudios en Japón de mujeres con altos grados de bisfenol A que no consiguen quedarse embarazadas. Pero no sólo puede suceder en Japón. Todos estamos expuestos".*

Al parecer, de momento se está produciendo más plásticos de lo que el mar puede procesar así que la amenaza es importante. Sobre todo para nosotros y no tanto para el agua que ya ha encontrado la manera de deshacerse de él aunque tenga que cubrir los océanos con un *biofilm* de bacterias que, después de comérselo todo, desaparecerán de nuevo en el fondo de los mares. Y puede que esa labor le tome miles y miles de años, pero serán muchos menos de lo que le va a costar limpiar sus dominios de la radiactividad.

5.- Las fugas y vertidos radiactivos. Es la peor amenaza

de todas porque aunque el agua conoce los elementos básicos, el cesio, el uranio o el radio desde el principio del mundo y sabe cómo tratarlos, sus isótopos radiactivos son algo muy diferente. El cesio 134, el estroncio 90, el iodo 131, el uranio 235 o el plutonio 139, entre otros, son invasores muy fuertes que hay que combatir a muerte. Y para asegurar la victoria el agua ha escogido su arma más conocida y más vieja: disolverlos.

La prueba más dura en materia radiactiva que se está encontrando en estos momentos el agua proviene de la central nuclear de Fukusima, en Japón, cuyo vertido es enorme y no tiene visos de parar durante los próximos años. Pero esos componentes ya los conocía el agua desde la Guerra Fría, unos setenta años atrás.

En la década de los cincuenta y sesenta se realizaron más de doscientas pruebas nucleares en el área del Pacífico. Esos son los datos oficiales porque los extraoficiales, hablan del doble de pruebas y algunas de ellas salvajes. Sólo la bomba del año 1952, explosionada por los EEUU en las islas Marshall, tenía ciento cincuenta veces la potencia de Hiroshima. Rusia también hizo muchas aunque son aún más herméticos y no sabemos bien dónde; y Francia sólo reconoce seis.

Los tres países justificaron las pruebas con argumentos absurdos, tan absurdos como las declaraciones del comisionado atómico francés, monsieur Marcel Julien de la Graviére quien, con su habitual sangre fría mentirosa, reveló un día a los medios: *"Seis de las ciento noventa y dos pruebas, afectaron de modo significativo a algunas islas y atolones"*.

"A las islas y atolones", parece que al señor de la Graviére el Pacífico le daba igual. Ni nombrarlo. Como si el agua no sufriera desperfectos por tirar seis bombas atómicas. Además

no podían arrojarlas en otro mar u océano: tenía que ser el Pacífico para violar bien su nombre. Quizás nos equivocamos al darle un nombre tan bueno y un día se rebele, harto de petróleos, islas de plásticos, pesticidas y bombas y demuestre que no es tan manso como nosotros pensamos.

Casi treinta años después del capricho nuclear que les entró a las potencias, la Agencia Internacional para la Energía Atómica encargó un estudio independiente. Fue en 1995 y en él intervinieron cincuenta y cinco científicos de doce países diferentes que después emitieron su informe. Estas fueron algunas de sus conclusiones:

"Varios kilos de plutonio permanecen enterrados en los sedimentos de los atolones de Colette, Ariel y Vesta (...) El tritio recuperará sus niveles normales dentro de unos cien años (...) Las concentraciones de cesio 137 y estroncio 90 quedarán adheridas al fondo marino y las rocas dejando escapar bajos niveles de radiactividad que irán decreciendo con el paso del tiempo (...) Las concentraciones de plutonio 239 y 240 están disminuyendo y, aunque se espera que sigan emitiendo radiación durante unos cuantos miles de años, sus niveles se mantendrán bajos. (...) Los test de radiactividad en plantas y animales de la zona revelaron que los índices de radiación están dentro de los niveles normales".

Al parecer nos hemos salvado de esta, lo contrario que la gente de Mururoa, Bikini o Fangataufa, lugares que un día fueron paradisíacos y que hoy son tumbas atómicas donde ya no vive nadie. En su día las explosiones provocaron el éxodo de más de ciento cincuenta mil refugiados nucleares que nunca han podido regresar a sus tierras ancestrales. ¿Serán quizás los primeros si Fukusima revienta? Puede, porque lo que esconden sus cuatro reactores dañados no es nada tranquilizador.

En la rueda de prensa ofrecida en junio de 2013, el doctor Migami Yoshida, portavoz de Tepco, compañía responsable de la central, declaraba que: *"Durante los dos últimos años el agua contaminada ha crecido a un ritmo de trescientas toneladas diarias"*. Puede que sea verdad o puede que no, porque hay censura alrededor. Pero aunque sea aproximado, contra eso está luchando el agua veinticuatro horas al día mientras calcula sus fuerzas y mide las de su enemigo. Trescientas toneladas diarias son trescientos mil litros. En dos años se han vertido doscientos millones de litros. Un cuarto de kilómetro cúbico. Y el Pacífico contiene ciento cincuenta y cinco millones de kilómetros cúbicos de agua. La proporción está bien. Hay margen de disolución como explica el profesor Mojib Latif de la universidad de Kiel: *"El agua tóxica que llega al océano tardará años en expandirse. Y la radioactividad de esas aguas se disolverá rápidamente gracias a la abundancia de torbellinos en el Pacífico"*.

Trevor Branch es otro investigador que apoya esta teoría *"La radiación de la central se disuelve muy rápidamente a pocos kilómetros de la fuga. El volumen del mar es muy vasto y además, las últimas mediciones en el Pacífico central revelan que la radiación actual es menor a la que produce el polonio en forma natural"*.

Esta es la parte optimista, pero la pesimista es distinta porque augura enfermedad, éxodos y escasez. Hellen Caldicott, una pediatra que estudia las consecuencias de la radiactividad en la infancia, advierte de la amenaza: *"Allí abajo, en el subsuelo de la central, hay doscientos cincuenta kilos de combustible nuclear fuera de todo control. El plutonio acumulado sólo en el reactor número cuatro tiene una radiación potencial cuarenta y cinco mil veces mayor que la de Hiroshima. Y nadie puede acercarse porque a cinco metros de distancia la emisión de rayos gamma los desintegraría en minutos. Si eso llega a liberarse, los casos de leucemia y de cáncer de tiroides en los niños se van a multiplicar por mil en los próximos diez años"*

Y ante el próximo traslado de las seis mil cubetas que contienen las barras de combustible nuclear del reactor número cuatro, el sociólogo emérito Charles Perrow advierte que *"una manipulación errónea de las cubetas podría desencadenar una catástrofe sin precedentes. Tokio tendría que ser evacuada pero ¿adónde llevas a los veinte millones de personas que forman una parte muy importante del tejido financiero del país? Podría incluso afectar a la viabilidad de Japón como nación industrial".*

Y por lo que respecta a la vida en el Pacífico, la doctora Alejandra Norton, oceanógrafa canadiense, tampoco es muy optimista pues ha detectado anomalías en el salmón y el arenque. Esto declaró en el diario *Globe and Mail* en agosto de 2013 *"Hace dos días encontré un banco de alevines de arenque sangrando por las escamas, ojos, boca y vientre. Nunca vi esos síntomas anteriormente".* La doctora también ha comprobado que las poblaciones migratorias de estos peces hacia Alaska han descendido entre el cuarenta y el sesenta por ciento y se siente preocupada *"...por si el material radiactivo ya está alcanzando Alaska".*

Es la gran preocupación humana, porque el agua tiene mucha menos: sus fuerzas de momento centiplican al vertido y el tiempo que pueda tardar en eliminarlo del todo es un factor secundario porque el agua no tiene ninguna prisa. El cesio 137 va a ser una presa fácil: con una vida media de treinta años, será un guiño para el agua. En cambio, con el plutonio 139 tardará un poco más: unos veinticuatro mil años. Ochocientas generaciones del ser que causó el desastre pero un ratito para el agua. Aunque lo peor vendrá del uranio 235 que tiene una vida media de setecientos millones de años. Muchos, pero si el planeta no es destruido antes por un némesis natural, el agua lo conseguirá.

La lucha sigue su curso pero no está ni mucho menos ganada porque el agua también tiene límites y ese límite se llama umbral de contaminación y cuando lo hayamos cruzado ¿quién sabe lo que ocurrirá? Las fugas de Fukusima aún durarán varios años y por si eso fuera poco hay mucho más material radiactivo sumergido en el Atlántico, un océano que Europa utilizó como basurero atómico hasta los años setenta. Allí, en el fondo de una fosa, alrededor de doscientas mil toneladas almacenadas en barriles de metal esperan a que el tiempo y el agua terminen su trabajo. Aunque lo que ocurrirá con ellos es una tremenda incógnita. Desde que el metal se oxide y libere su veneno, otro más con que luchar; a que se petrifique en el fondo o se entierre para siempre bajo el sedimento marino.

Al agua le espera un largo camino para vencer la amenaza pero durante todo ese tiempo ella aprenderá a convivir con estos nuevos compuestos hasta que desaparezcan. ¿Podremos convivir nosotros o nos espera un futuro de cromosomas mutantes y sueños fosforescentes?

En el culto shinto existe la creencia de que el agua es inmortal y por cómo se están desarrollando los hechos al parecer es verdad, sobre todo si lo comparamos con nuestro incierto futuro. Pero como no hay mal que por bien no venga, al menos esta tragedia ha despertado en Japón un antiguo sentimiento que tenían ya olvidado: el respeto por el agua, y en una decisión sin precedentes, las autoridades han decidido cerrar todas las centrales. También lo ha hecho Alemania y ahora otros países se están planteando terminar con la amenaza nuclear de una vez y para siempre.

Que el fin de la humanidad venga dado por un acontecimiento imprevisto: un cometa, un asteroide, erupciones en cadena, sacudidas orbitales o crisis electromagnéticas no se podría evitar y sería comprensible, pero ¿acabar con uno mismo?, ¿un suicidio general?, ¿una autoextinción provocada? Eso suena a estupidez. La mayor del Universo y el agua no nos ha enseñado eso. Ella lleva existiendo desde que explotó la primera estrella y piensa seguir viviendo hasta que se acabe el Tiempo. Con su sabio proceder ella nos muestra a diario que conoce mil maneras para seguir adelante y sobrevivir a todo y sin embargo nosotros, que somos seres de agua, parece que no aprendemos las lecciones que nos da.

Vertidos, cambios climáticos, extinciones y todo tipo de amenazas, el agua ha sabido esquivarlas y ahora sigue su camino. Pero... ¿sabe ella adónde va?

Los planes del agua

*"El agua tiene una memoria perfecta y siempre
está tratando de volver a donde estaba."*
Toni Morrison. Premio Nobel de Literatura

El agua tiene unos planes que ha venido elaborando a lo
largo de milenios y, según sea la escala o el ámbito en el que
se mueva, así los va poniendo en práctica y después per-
feccionando. Pues no es lo mismo moverse entre galaxias lejanas y por la materia oscura que a nivel molecular donde todo
es microscópico. Como tampoco es igual tratar de perma-
necer en un planeta habitable donde la vida es más fácil que
en un campo de asteroides o una luna congelada. Los planes
que sigue el agua son diversos y concretos pero con un fin
común: expandirse, perdurar, explorar nuevas fronteras, lograr albergar seres vivos, crear mundos animados y vivir in-
definidamente. Y al menos hasta el presente la estrategia le
funciona porque allá por donde pasa consigue prevalecer y
casi siempre mejora.

A escala molecular, el agua trabaja mucho pero le está
yendo bien. Desde que se formó aquel agua primigenia, ella
ha interactuado con los cien elementos más comunes que

hay en la naturaleza. Ha sido una ardua labor que continúa ejerciendo pues constantemente aparecen nuevos y extraños compuestos, naturales o artificiales, que tendrá que analizar y saber cómo reaccionan. En los últimos cien años los científicos han encontrado más de treinta elementos nuevos y, a estas alturas de siglo, el agua ya debe saber que el hassio es radioactivo; el fleronio, superpesado; el copernicio, buen conductor y la enstatita, refractaria. No sabemos si al agua le resultará difícil absorber tan compleja información pues apenas termina con uno, detrás surgen otros nuevos. Los últimos recién descubiertos: el ununnoctio y el ununtrio, digamos que no son corrientes: De uno sólo se han localizado quince átomos en todo el mundo, y del otro, aún menos, cuatro ¿Conocerá el agua su estructura o estará de lleno en ello? Quizás los conozca ya o todavía esté en proceso pero un día lo logrará y pasarán a su archivo.

Cada paso una mejora y otra experiencia más que sumar a su saber: a eso se dedican las moléculas de agua sin dejar de trabajar. Y le esperan tiempos duros porque, además de la naturaleza, cada vez hay más materiales que fabrican los humanos. Sólo en el sector de la construcción, a principios del siglo XX se usaban unos cientos de materiales pero hacia finales de siglo, ya había unos cien mil. Pronto llegarán al agua rápidos fibrocementos, cristales aluminizados, genes artificiales, basura cuántica y cosas inimaginables que están aún por descubrir. Y a todas las tratará con su forma habitual: reorganizando sus *clusters,* ajustando sus enlaces y guardando en su memoria hasta el dato más trivial. Puede que este trabajo le tome uno o diez millones de años, pero el método que aplica no le ha fallado nunca y lo sigue manteniendo.

Y como le está ocurriendo al agua a nivel molecular, corren también buenos tiempos a escala universal. Con un joven Universo que está en fase de expansión, lleno de galaxias recién nacidas y de estrellas que colapsan, habrá agua en cantidad. Largas columnas de oxígeno emergerán desde estrellas moribundas que viven rodeadas de un hidrógeno solitario y total falto de amor que está esperando un compañero con los brazos-enlaces abiertos. Así nacerán nuevos miles de océanos que viajarán por el espacio empujados por unos vientos feroces que los llevarán muy lejos. Tardarán eternidades en alcanzar nuevos mundos pero cuando los alcancen, el agua se detendrá para calcular los riesgos. En algunos no entrará porque hará mucho calor, o encontrará rayos cósmicos capaces de desintegrarla, o se topará de bruces con fuertes campos eléctricos que harán que busque otro rumbo. Pero en otros sí lo hará y, después de elegir la mejor opción de todas logrará colonizar sus cuerpos, desde piedras a planetas.

El agua, los océanos estelares, viajan sin rumbo fijo y sin un tiempo estimado, pero su marcha es segura y por eso están llegando a los confines más oscuros del universo actual. Y eso es algo que sabemos porque los podemos observar con los grandes telescopios. Hay inmensos océanos de vapor de agua en las galaxias Markarian 231 o la K 335, ambas situadas a millones de años luz de nuestra casa. En esas, así como en tantas otras, habrá sistemas solares donde el agua abundará. Y son precisamente esos lejanos sistemas los que buscan los humanos tratando de perseguir el rastro del agua cósmica.

El problema es por dónde empezar a buscar porque el espacio es muy vasto y los recursos escasos. El Observatorio de El Paranal, situado en los Andes chilenos, tiene enfocadas sus lentes hacia un pequeño cuadrante de la Vía Láctea y ya ha localizado más de quince mil estrellas, que no es ni el uno por ciento del total de la galaxia. Los astrónomos de El Paranal tardarían cuatro vidas en analizarlas todas, pero sólo sería el principio porque después habría que revisar todas aquellas que tienen planetas girando a su alrededor. Son los llamados exoplanetas y que ahora están de moda porque algunos tienen agua.

Desde que en 1995 los astrónomos Michel Mayor y Didier Queloz descubrieron Pegasi B51, el primer planeta que orbitaba alrededor de una estrella extrasolar, se ha desatado una competición feroz a la caza de estos cuerpos. Hasta la fecha, casi veinte años después, se han localizado alrededor de ochocientos aunque su número aumenta en varios nuevos cada año. Los hay de todos los tamaños, órbitas y texturas: exoplanetas infierno, oscuros, excéntricos, gigantes, enanos, viejos y muertos. Y los hay de corteza de diamante, nebulosa, gaseosa o helada. La carrera va tan rápida que apenas se descubre uno, se analizan sus compuestos, la órbita correspondiente, se le asigna un nombre raro y... adiós: ya están buscando el siguiente.

Pero existe una excepción: se ha comprobado que algunos están en la zona habitable y además contienen agua, el principio de la vida, y eso merece un stop y una exploración a fondo. Avi Mendell de la NASA cree haber descubierto dos, el Wasp-17b y el HD209458b con claros indicios de agua. Y eso puede ser muy útil pues: *"Este trabajo realmente abre las puertas a la posibilidad de comparar cuánta agua hay en las atmósferas de diversos tipos de exoplanetas. De los más fríos a los más calientes. Y ese puede ser el primer paso para encontrar la vida"*.

Y hay más posibilidades. La misión Kepler de la NASA ha detectado alrededor de esa estrella, dos supertierras, dos y tres veces el tamaño de la nuestra, que están en la zona habitable y que pueden contener océanos de agua líquida de kilómetros de profundidad. Otro descubrimiento reciente hecho por el telescopio Hubble revela que el planeta HR8799c que está a ciento treinta años luz del nuestro y es diez veces mayor que Júpiter, tiene una atmósfera con un alto contenido de vapor de agua mezclada con dióxido de carbono. ¿Habrá autos que la contaminan? ¿Y seres que los conduzcan?

Revelan los telescopios que hay agua en otros planetas y una posibilidad de vida, pero cuando sea una certeza, ¿cómo los visitaremos? De momento no es posible porque ninguna misión podría mantener con vida a las miles de generaciones que duraría el viaje. Pero ni estando más cerca el viaje sería fácil, sobre todo por un elástico detalle que tiene que ver con el agua. Los aparatos se pueden miniaturizar gracias a la nanotecnología. La comida se puede liofilizar o concentrar en pastillas para que no ocupe sitio. Los materiales y trajes se pueden hacer más finos, pero en cambio, el agua no. Un litro de agua no se puede comprimir ni hacer que sea más pequeño, así que el noventa por ciento de la carga del convoy interestelar estaría reservado al agua. Sería una nave nodriza tirando de un tanque de agua del tamaño de un vagón.

En galaxias, en sistemas, en planetas y en cometas: el agua aplica su experiencia y viaja sin descanso por un laberinto de mundos extendiendo sus dominios y haciéndolos más habitables. Y uno de ellos fue el nuestro. Nuestro sistema solar, en el que hay mucha agua y con un plan muy definido: quedarse el tiempo preciso y después evaporarse y partir hacia otros mundos. Todo depende del sol. De momento el sistema permanece muy tranquilo con una estrella regular que emite sin altibajos y un agua que está asentada desde Mercurio a Neptuno. En cualquiera de sus formas, hielo, líquida o de vapor, ionizada o espuma, el agua controla su imperio pero se mantiene alerta porque en el fondo intuye que todo esto cambiará.

Y entonces llegará la hora de tomar una decisión, aunque no será mañana ni pasado ni al otro, sino dentro de tres billones de años cuando el sol comience a dar síntomas de desfallecimiento y empiece a menguar su energía. Entonces se inflará con fuego, triplicará su tamaño y los planetas interiores se abrasarán sin remedio. De Mercurio, Venus y la Tierra sólo quedarán rescoldos y el agua se escapará de ellos a toda velocidad. Eso ya ha ocurrido en Marte donde sólo quedan los cauces muertos de los ríos y fondos de antiguos mares que tuvieron que emigrar porque allá no había futuro.

Desde el centro abrasador, el agua se marchará hacia cuerpos más templados, unos cuerpos que hoy están dentro de la Zona Helada y que se harán habitables. Encélado con sus géiseres y Titán con sus volcanes de hielo se convertirán en lunas azules templadas donde habrá mucha agua líquida. Y todo el hielo de Europa, la helada luna de Júpiter, se transformará en océanos. Y como el agua de Europa es la misma que la de la Tierra porque ambas llegaron en las mismas oleadas en el tiempo de acreción, el agua sacará su fiel varita encantada de recursos infinitos para hacer nacer la vida.

O puede que ya esté allí porque existen microrganismos capaces de resistir las más duras condiciones y en los sitios más extremos. La doctora Hazel Barton ha recogido muestras en un glaciar canadiense de algo que podría sobrevivir en mundos casi invivibles: *"Ese color oscuro que se ve en la pared del glaciar no es polvo, son bacterias muy antiguas, pero ya capaces de adaptarse a bruscos cambios de clima. Los llamamos extremófilos y son muy resistentes. Su medio natural era el agua líquida, pero cuando el clima cambió fueron capaces de hibernar millones de años, bien congelados en el hielo o bajo una milla de roca. Y después, cuando el clima se templó y fue más favorable, llegó la explosión de vida".*

De organismos extremófilos que se conservan en agua podrían evolucionar cualquier tipo de criaturas, como ha ocurrido en la Tierra. Aquí en el último billón de años ha habido bacterias, vegetales, animales y humanos, tan distintos entre sí que parecen provenir de mundos muy alejados. ¿Qué tienen en común un niño y una esponja? ¿O el musgo y una abeja? ¿O el águila y el coral? Sólo una cosa: el PAC, el primer antepasado común, aquel que se forjó en el agua.

Así que con esa paleta de vida tan ambigua y tan dispar, del agua podría surgir cualquier otra forma de vida y Europa, Encélado o Titán se podrían convertir en un mundo dominado por setas inteligentes viviendo en ciudades de cianuro. O de humanos con cuerpos de agua, sin esqueleto ni sexo como aquaman y aquawoman. O, como ocurre en Pandora, el planeta de *Avatar*, de individuos azules que miden más de tres metros y se conectan con los árboles a través de sus coletas.

Tiempo para evolucionar habrá más que suficiente porque las nuevas lunas azules se mantendrán templadas cientos de millones de años y el *sapiens* sólo necesitó tres para pasar de las ramas de los árboles a megaciudades de asfalto como Sao Paulo o Mumbai. Pero esas civilizaciones también morirán un día porque cuando el sol se extinga de una vez y para siempre, todo el agua del sistema se perderá en el espacio y otra vez vuelta a empezar: a vagar por la negrura, el lugar de donde vino, en busca de nuevos mundos donde poder asentarse y llenarlos de riquezas.

Pero mientras ese día llega, ¿qué le ocurrirá a la Tierra?, ¿qué pasará con su agua?, ¿tiene planes de futuro? Sí, dos, y los dos son ganadores. Uno: seguir como hasta ahora, gozando de buena salud y abundancia y permitiendo que las especies que aprovechan sus preciosas cualidades puedan seguir progresando. O dos: que la contaminemos tanto que un día se tenga que rebelar y darnos un escarmiento del que pocos sobrevivan. De cualquiera de las dos maneras, el agua prevalecerá y ahora son los humanos quienes tienen que actuar.

La ecuación es bien sencilla: tomamos el agua que necesitamos, la devolvemos bien limpia, siempre, y así no se rompe un ciclo que ya dura tres eones, que es la edad del agua hoy. Y por simple deducción si mantenemos el ciclo podría durar otros tres, si no se interpone en el camino otro asteroide gigante o una supererupción.

Pero hay gobiernos y gente que no entienden el principio y al final lo pagarán pues, como bien dice el refrán *lo que le damos al agua, el agua nos lo devuelve*". Ejemplos hay por todo el mundo: Una parte de México DF se está hundiendo poco a poco porque se está destruyendo el mítico lago Texcoco, que está bajo la ciudad y es el mismo que hizo florecer a la gran cultura azteca. Y en Alberta, Canadá, se están utilizando cantidades astronómicas de agua del río Atabasca para extraer el alquitrán que se oculta en las arenas bituminosas. Pero lo hacen de forma tan desastrosa y fatal que ella les devuelve cáncer, pero no a los ingenieros, sino a la gente local que lleva allí miles de años. Y con el fracking ¡cuidado! El profesor W. Ellsworth, sismólogo estadounidense, advierte de sus peligros *"La eliminación del agua residual en pozos profundos diseñados para ello tiene el potencial de inducir terremotos lo suficientemente potentes como para preocupar a la sociedad"*. De hecho ya está ocurriendo.

Vertidos radioactivos, fracking, pesticidas, hidrocarburos, residuos, basura, plástico, metales pesados..., todo va a parar al agua. Ya lo dijo Jacques Cousteau: *"A día de hoy, el agua y el aire, los dos fluidos esenciales de los que depende la vida, se han convertido en cubos de basura globales"*.

A este paso puede que lleguemos pronto a cruzar el llamado umbral de contaminación y entonces, cuando lo hagamos, el agua tomará medidas. Las tiene para elegir. No hace falta que sean tsunamis, maremotos o grandes inundaciones, no. Simplemente lo arreglará dejando de funcionar. Con detener las corrientes, todo esto se irá al traste. Mares llenos de medusas y de algas donde es imposible avanzar. Ríos muertos. Monzones que desaparecen. Lagos podridos. Lluvia urticante. Nieve verde venenosa.... Y si no es esa será otra: el agua encontrará mil maneras para librarse de unos nietos desagradecidos que a pesar de venir de su vientre, en lugar de cuidarla, la ignoraron y escupieron.

Y el resultado de ese absurdo enfrentamiento es fácil de imaginar. Con escasa agua potable y casi sin alimentos; congelados por el frío donde antes hacía bueno, o asados de calor donde antes hacía fresco, la humanidad retrocederá a la Edad de las Cavernas. Otra vez al Paleolítico o a la extinción total y la historia de la humanidad, aunque nos cueste aceptarlo, será como los dinosaurios: otra anécdota a sumar al largo relato del agua.

Porque aunque faltemos nosotros, el agua continuará y en tres generaciones, en treinta o en trescientas, es igual, el agua sabe esperar, comenzará un ciclo nuevo. Con la paciencia del viajero que lleva millones de años campando por las galaxias, retomará las corrientes, eliminará basuras, regresarán los pescados, volverá el agua potable, surgirán nuevas especies y la Rueda de la Vida, un principio del budismo, seguirá girando y girando como la noria de un río impulsada por el agua.

Ahora existe un divorcio manifiesto entre el agua y los humanos pero sucede algo más. Algo de lo que no tiene culpa ninguna especie en concreto sino el ciclo natural que viene dándose en La Tierra desde los tiempos remotos: las variaciones climáticas. Desde hace diez mil años, el planeta ha entrado en un época templada, el Holoceno actual, con un clima que se corresponde a un periodo interglaciar y que puede durar diez mil más. Y es gracias a ese clima tan benigno que en estos últimos cien siglos la humanidad ha logrado viajar por todos los continentes, progresar, crear grandes sociedades y vivir mejor que en la prehistoria. Pero este aumento del calor también tiene un lado oscuro: la subida del nivel del mar.

El planeta se calienta de manera natural y, ayudado por nosotros, no sólo hay más deshielo y evaporación sino que también las aguas prisioneras en la corteza terrestre están buscando la forma de salir a superficie. Es el sudor de la Tierra, que como el sudor humano, aumenta con el calor y por eso cada vez emerge más agua de la roca a través de chimeneas marinas, de manantiales alpinos o de volcanes maar, que son los que expulsan más agua. Y a esa cantidad también hay que sumar la que nos llega a diario incrustada en el polvo cósmico o en las estrellas fugaces que, como lluvia extraterrestre y aunque sea muy escasa, hace aumentar la humedad, tal como afirma la doctora Miller: *"Cada día caen a la tierra sesenta mil toneladas de polvo cósmico. Y traen un buena cantidad de agua"*. Cada vez hay más agua en forma líquida o vapor pero está distribuida de manera tan caótica y emocional —como la esencia del agua— que está alterando los patrones climáticos de muchos países del mundo.

—¿Esto? ¡Esto no lo había visto nunca! ¡Tengo setenta años y es la primera vez que veo una cosa así! —exclaman ante las cámaras los más viejos del lugar, entre atónitos y estremecidos, al ver cómo han quedado sus pueblos sumergidos bajo el agua. Inundaciones tremendas por todas partes del globo. Mareas irrevocables que invaden las tierras bajas. Lluvias torrenciales que destrozan las cosechas. Ríos que se desbordan cada vez con más frecuencia. Galernas explosivas. Tsunamis que barren de golpe la vida de trescientas mil personas. En Centroeuropa, en India, en China o Nueva York. En Perú o en Buenos Aires. En las llanuras y valles o bajando de las montañas, el agua ataca con fuerza. ¿Se empieza a anegar la Tierra? ¿Estamos asistiendo al inicio de una nueva Edad del Agua?

Quizás. Ya ha habido muchas antes y como sucedió en todas, se cobrará sus tributos. Ha empezado a hacerlo ya: parte de las Maldivas han tenido que ser desalojadas porque el Índico se las traga. Y en Polinesia, los habitantes de los archipiélagos de Tuvalu y Kiribati están haciendo las maletas porque las crecientes mareas y el agua salada que se están acercando al subsuelo y no deja cultivar. El avance del desierto, el deshielo de los polos, la desecación de lagos, son procesos en camino y que no se detendrán.

Ya está más que probado que la actividad humana está provocando que el planeta se sobrecaliente en exceso. Pero si además de eso, este clima interglaciar hace que el permafrost se funda, que esté emergiendo mucha agua de la corteza terrestre y que eventualmente llegue agua del espacio, la conclusión está clara: Si queremos sobrevivir a otra gran inundación, como la que se relata en la Biblia y muchas otras culturas, habrá que hacer otra cosa, aunque en algunos países esto suene a sacrilegio: en un futuro lejano habrá que utilizar más agua. Reconquistando desiertos, ampliando los cultivos o habilitando más pastos para que coma el ganado. Como han hecho en Qatar.

En ese pequeño país del Golfo Pérsico, hace setenta años vivían unas cuantas tribus nómadas dispersas por el desierto con total falta de agua. Y ahora, gracias al maná del petróleo, Qatar es uno de los países más ricos del mundo con un consumo de agua de más de cuatrocientos litros por habitante y día. Uno de los más altos. Y lo hicieron construyendo la mayor planta desaladora que existe en la actualidad. Fahad-Al-Attiyá, responsable qatarí —equivalente a Ministro— de asegurar el suministro de comida y agua en los próximos diez años lo explica en su conferencia: *"Todo empieza con el agua. Ninguna de las ciudades que ven ustedes ahora, Doha, Abu-Dabi o Dubai existirían si no hubiéramos conseguido agua. Esa gigantesca máquina que ven en la pantalla es nuestro lago, nuestro río. Pero el riesgo sigue ahí porque nuestras reservas de agua sólo dan para dos días y necesitaremos más si queremos seguir creciendo como en los últimos años. Pero por suerte ahora existen soluciones sostenibles y gracias a las renovables no tendremos que utilizar petróleo para conseguir más agua. En Qatar tenemos trescientos días de sol al año así que construiremos nuevas desaladoras alimentadas con energía solar. Así el agua, el mayor de los tesoros, regará las granjas, las granjas producirán alimentos y estos harán realidad sanidad, educación, investigación y una sociedad mejor".*

Es cierto, porque si nos estamos internando en una nueva edad del agua, habrá agua en abundancia. De hecho, también es abundante ahora. Si toda la raza humana viviera en un sólo territorio, cabría holgadamente en un país como Australia que ocupa poco más del diez por ciento de la superficie total del planeta. El veinte por ciento restante son tierras emergidas y el setenta por ciento que queda: agua. Mucha agua. Sumando todas las aguas del mundo, helada, salada y dulce, hoy día cada persona tocaría a tres estadios de Wembley puestos uno sobre el otro y llenos de agua hasta el borde. Ochocientos millones de litros por cabeza y de eso, una persona gastaría en toda su vida para beber, lavarse, cocinar, cultivar, regar las plantas y abrevar sus animales el equivalente a la altura de las dos primeras filas de asientos. Entonces ¿por qué tantas guerras y tanto muerto por el agua?

Vivimos en un planeta al que llamamos azul, porque es el color del agua y es el que predomina. Por el Norte y por el Sur, por el Este y el Oeste, por arriba y por abajo, el agua ofrece sus dones a manos llenas aunque, por desgracia para nosotros aún no sabemos gestionarla. Tres cuartas partes de la lluvia mundial cae directamente al mar en estado de agua dulce pero no sabemos cómo recolectarla en parte y llevarla hasta la gente. Y las tres superborrascas que en octubre de 2001 formaron *La Tormenta Perfecta*, que luego fue llevada al cine, podrían haber cubierto Europa desde Lisboa a Moscú, y la lluvia que descargaron haber dado de beber a toda la humanidad durante un año entero.

Y es por culpa de esa tremenda ignorancia que, a principios del siglo XXI, una cuarta parte de la humanidad no tiene acceso al agua corriente. Malas y buenas noticias. Malas por la tremenda injusticia, y buenas porque, aunque parezca una ofensa, las cifras van mejorando. Hace cien años no era ni la mitad, y hace doscientos, tan sólo los privilegiados tenían agua corriente en sus casas y palacios. Así que, siguiendo esa tendencia puede que a final de siglo todos los habitantes del mundo tengan acceso al agua corriente. Aún no todos la disfrutan, pero hay miles de o-ene-ges y de empresas estatales en decenas de países que ahora mismo cavan pozos, construyen cisternas, hacen canalizaciones e instalan depuradoras y estaciones de bombeo para que el principio de la vida sea accesible para todos.

El agua como un Derecho Universal, un principio innegociable, sí, pero también un deber: el de tratarla correctamente y de este modo conseguir que las próximas generaciones disfruten de agua limpia y nutritiva. Y eso es un reto nuestro, de la generación actual. Somos siete mil millones, pero seremos muchos más dentro de cincuenta años. Nos va a hacer falta mucha agua para alcanzar un nivel de vida digno y eso sólo se consigue aprendiendo a utilizarla. En esa labor estamos y hay signos de progreso porque al parecer la gente está empezando a concienciarse.

Ya hay congresos dedicados exclusivamente al agua y ya entra en las agendas de las grandes cumbres internacionales. También la ONU la ha incluido en los Objetivos del Milenio, un acta que firmaron todos los países integrantes allá por el año 2000. La Meta 3 del Séptimo Objetivo propone: *"Reducir*

a la mitad, para 2015, la proporción de personas sin acceso soste-
nible al agua potable y servicios básicos de saneamiento". Y otros
personajes destacados hacen campaña a favor, como Mijail
Gorvachev, último presidente de la URSS y un gran activista
del agua que afirma con esperanza: *"Afortunadamente la ma-*
nera con que vemos el medio ambiente y el agua está cambiando
para bien".

También en otros sectores, industria, servicios, distribución, hay avances importantes: en Meadow Lake, Saschat-
chewan, provincia del Canadá, existe una industria papelera
que no vierte residuos al río. En Bangkok hay una cervecera
que utiliza la mitad de agua que las demás cerveceras. París,
Berlín y otras ciudades del mundo están recuperando sus
aguas de las garras de consorcios privados que sólo busca-
ban lucrarse. Y en las Vegas, una ciudad luminosa plantada
en mitad del desierto, han decidido cuidar del agua como lo
que de verdad es: oro azul. Casi toda la reciclan y han creado
un cuerpo especial de policía sólo dedicado al agua que vigila instalaciones y multa a los infractores. Como un moderno *curator aquorum* que ya tenían los romanos hace casi dos
mil años.

El agua de nuestro planeta es el primer continente. El
más grande, el más rico, el más viejo y el mejor preparado.
Una patria sin fronteras, que no pertenece a nadie y donde
no hay pasaportes. Sin guardias que lo vigilen o sin horarios
de cierre. Sin súbditos ni propietarios. No hay más que ver
La Tierra desde una estación espacial. Un lugar tranquilo y
bello. La superficie del mar de un azul intenso y calmo, con
nubes que cruzan los cielos y refulgentes llanuras de hielo
junto a tierras emergidas de diferentes colores: un paraíso
flotante que puede durar milenios.

El lento murmullo del agua ha sido la banda sonora que ha acompañado a la humanidad a través de las edades y si queremos que esa música siga sonando tendremos que corresponderla. Porque, a pesar de todas nuestras agresiones, el agua de nuestro planeta sigue siendo esa abuela cariñosa y cascarrabias que nos cuida, nos protege y puede que hasta nos perdone y que lo disuelva todo, y que no nazcan mutantes, y que decida ayudarnos a progresar como especie y a construir junto a ella una sociedad más justa.

Y por ello, dado que es el sustento de la vida y siempre apuesta ganador, lo mejor que podríamos hacer es... querer un poco más al agua.

$$H_2O$$

Aysén, Siberia, Goa y Algeciras 2010-2013

AGRADECIMIENTO

El título de este libro y el contenido de buena parte de sus capítulos me los dictó una chica que conocí un verano en los Balcanes. La encontré en una plaza empedrada de la alta Ciudad Vieja en un pueblo medieval entre Serbia y Macedonia. En mitad de aquella plaza había una fuente de piedra con un surtidor vertical del que brotaba, con un cuchicheo incansable, el agua de los Balcanes: fría, rica y cristalina. La chica tenía el pelo moreno corto, llevaba un vestido claro de tirantes de algodón y, tomando unos refrescos en la terraza de un bar, me estuvo hablando del agua mientras su hijo jugaba montado en la bicicleta dando vueltas a la plaza. A veces ella interrumpía el relato y giraba la cabeza para controlar al niño y luego miraba el surtidor como escuchando su charla. Después, cuando empezó a refrescar, nos fuimos a los columpios donde pasamos un rato jugando con el chaval y después los dos desaparecieron.

Ahora la buscaría para mostrarle su libro, pero sería un viaje inútil porque ocurrió todo en un sueño y nunca la encontraría, así que la única explicación que tengo para interpretar el sueño es que aquella chica morena era la traductora del agua del surtidor que nos contaba su historia.

Bromas aparte, quiero agradecer la ayuda de María sobrina y Pepe Palacios, por su sapiencia química. A Patrick Sepy por las multiplicaciones. A Vicente y Cristina por darme cobijo en su casa con terraza frente al mar. A mi nieto Marius que sentí un día flotando en el vientre de su madre. Y a Carmen, mi amor, porque somos de la misma agua y eso no envejece nunca ni se puede separar.

WEBLOGRAFÍA

http://www.quinton.es
http://www.rcn.montana.edu
http://www.rubenbarea.com
http://www.montpellier.com.ar
http://www.aprendeenlinea.udea.edu.co
http://www.argenbio.org
http://www.mgar.net
http://www.rumboxur.blogspot.com
http://www.cosmonoticias.org
http://www.revistacecti.com
http://www.solociencia.com
http://www.youtube.com
http://bioquimiodonto.files.wordpress.com
http://www.mineralwaters.org/
http://www.lenntech.es
http://www.windows2universe.org
http://bibliotecadigital.ilce.edu.mx
http://raiscuola.rai.it
http://eurekalert.og
http://rtve.es/documentales
http://egiptología.org
http://www.unesco.org/water
http://quimica.laguia2000.com
http://numerocero.es
http://aguadjs.com
http://www.absolum.org
http://www.wikipedia.org

http://www.glits.mx
http://www.blogdelagua.com
http://www.ceoas.oregonstate.edu
http://www.redislam.net
http://www.indianlegand.com
http://www.ranker.com
http://alimentacionsana.org
http://www.cred.be
http://www.deltawerken.com
http://www.unwto.org
http://www.ilo.org
http://www.worldoceanreview.com
http://www.crecimiento-personal.com
http://www.thelisapark.com
http://www.natgeotv.com
http://www.blogdelagua.com
http://www.naukas.com
http://www.southasia.oneworld.net
http://www.brucegoldwell.com
http://www.tiscali.it
http://www.applet-magic.com
http://www.mineral-s.com
http://www.suite101.net
http://www.afines.com
http://www.astronomía.com
http://www.markusreugels.com
http://www.imaging-resource.com

http://www.elsitiodelagua.com http://www.sacredsites.com
http://www.liquidsculpture.com http://www.sudyharta.com
http://www.letrasperdidas.galeo http://www.columbia.edu.cu
n.com http://www.waterhistory.org
http://www.elaguademar.com http://www.umich.edu
http://www.es.sott.net http://www.iaea.org
http://www.newscientist.com http://www.universetoday.com
http://www.its.caltech.edu